JN409370

시나브로 가는 길

시나브로 가는 길

김종윤 수필집

| 책머리에

하늘을 올려다보면 파란 하늘이 태양과 어울려 살아갑니다. 나무와 풀들이 제각기 경쟁과 화합으로 무리를 이룹니다. 그곳에서 무리를 이루고 사는 인간들이 자연과 더불어 공존합니다.

가는 세월 속에 늘어나는 것과 줄어드는 것이 생겨나고 죽고 사는 끊임없는 시간이 흘러갑니다. 지금 지나온 길은 남아있는 시간보다는 적을 것입니다.

그 사이 내가 해온 일이 무엇인지 생각해 봅니다. 조부모님들이 아껴주는 품에서 혜택만 보며 살아왔습니다.

전북대 평생교육원에서 수필을 배울 기회가 되었습니다. 나름대로 수필집을 내보는 꿈을 가지고 시작은 하였는데 그 길은 수월한 것이 아니었습니다. 초보자가 미쳐 버려야 경지에 달한다는데 최선을 다하지 못해 신통한 글이 없었습니다. 몇 개 쓴 글을 골라 엮었습니다. 읽을거리가 될 것인가 민망스럽습니다.

금싸라기가 되지 못하고 모래 알 같은 글 속에서 조금이나마 고개를 끄덕일 수 있는 동감을 기대합니다.

격려와 지도를 하여 주신 교수님과 문우님들에게 감사의 말씀을 드립니다. 항상 염려하여 주시는 부모님과 아내를 비롯한 가족에게 고마움을 표합니다.

2018년 12월

김종윤 절

김종윤 수필집

시나브로 가는 길

• COTENTS

1. 가슴이 두근거리는 나무

2. 전해산 장군 추모제

3. 쪽 찐 머리

4. 배롱나무꽃 피면

1부

가슴이 두근거리는 나무

소나무가 아파요

아침에 일찍 따뜻한 물병을 배낭 속에 넣고 문밖으로 나섰다. 소나무 재선충 방제 현장 그루터기 조사를 하기 위하여 차를 타고 출발했다. 소나무 재선충 확산세가 예사롭지 않다. 한동안 확산되지 않더니 다시 번지기 시작해 최근엔 급속히 확산되고 있다. 방제작업 끝에 확산을 차단했다고 밝혔으나 지난해 여러 곳으로 늘어났고, 방제 후 재발지역도 늘어나고 있다.

재선충 재발률을 낮추고 완전방제를 하겠다고 하지만 재정비를 하지 않고는 목표 달성이 쉽지 않아 보인다. 우리나라 특유의 푸르고 청정한 산의 빛깔은 어느 곳에서나 싱싱한 생명력을 내뿜어왔던 소나무에서 비롯되었다. 그러나 기후변화 등으로 재선충 발생환경이 좋아지면서 위험은 커지고 있다. 재선충은 불과 20일 만에 수십만 마리로 번식하면서 수액 이동로를 막고 조직을 파괴해 솔잎을 적갈색으로 퇴색시키며 소나무를 말려 죽인다. 독자적 이동능력이 없어 공생관계인 솔수염하늘소에 기생하다 소나무에 침입한다.

재선충 자체를 박멸하는 방법은 없다. 따라서 방제는 주로 매개충인 솔수염하늘소 유충이 자라는 고사목을 벌채하여 훈증하는 방역에 집중되고 있다. 1988년 부산 금정산에서 처음 발생한 이래, 해마다 평균 20만 그루가 감염되고 있다. 전국 산림 면적의 4분의 1인 160만 헥타의 산에서 소나무가 완전히 사라질 전망이라고 한다. 소나무 외에는 나무가 잘 자랄 수 없는 척박한 땅, 즉 암석지대이기 때문에

산하가 민둥산들로 꽉 들어설 것 같아 걱정이다. '소나무 에이즈병'이라 불리는 재선충병은 걸리기만 하면 전부 붉게 말라 죽는다.

재선충병에 감염되면, 무조건 그 나무를 잘라내어, 재선충 벌레 크기보다 작게 분쇄해야 한다. 매개충인 솔수염하늘소는 5월부터 활동을 시작하는데 하늘소가 죽은 뒤에도 죽은 소나무에서 재선충이 번식한다. 그러니 감염된 나무를 이동하는 것은 절대 금물이다. 소나무 재선충 확산 방지에 안간힘을 다하고 있지만, 빈약한 예산과 행정체계 그리고 중앙정부와 지자체의 무관심도 큰 문제다. 이 21세기가 끝날 무렵에는 애국가의 "남산 위의 저 소나무, 철갑을 두른 듯"이라는 구절을 이해 못하는 초유의 사태가 올지도 모른다. '한국인이 좋아하는 자연' 설문조사에 따르면, 소나무가 가장 좋아하는 나무 1위를 차지했다. 그만큼 소나무는 우리 한반도의 역사와 문화 생태학적으로 애환을 함께 해온 국민의 나무다.

이전에도 식목의 중요성을 강조하고, 전 국민을 나무 심기운동에 적극 동원했다. 절대녹화를 위해 나무를 심고 벌목 방지를 위해 경찰력까지 동원했다.

식목에 성공한 모범 국가로 우리나라를 추천해서 독일과 함께 명성을 날렸다. 조선시대 정조대왕이 사도세자 묘역인 경기도 화성에 위치한 소나무에 출몰하는 솔충을 보고 "감히 네가?"라고 크게 화를 내며 송충을 손수 잡아 씹어 먹었다는 '소나무 사랑' 교훈을 잊지 말아야 한다. 소나무와 해송, 잣나무가 사라질 몇 년 후의 모습을 상상해 보면 아찔해진다.

소나무 재선충 방제에 앞장서야 할 것이다. 솔수염하늘소가 솔잎을 갉아 먹으면, 침 속에 기생하던 작은 소나무재선충이 소나무 속으로 침투한다. 재선충은 소나무 속에서 급격하게 번식해서 소나무 형성층의 물관을 막고 그러면 소나무는 죽게 되는 것이다. 소나무가 죽으면 솔수염하늘소는 죽은 소나무에 알을 낳는다. 소나무를 죽이는 것은 재선충이고, 재선충을 싱싱한 소나무에 옮겨주는 것이 솔수염하늘소다.

일본에는 소나무가 없다. 대만에도 소나무는 없다고 한다. 왜 그럴까? 소나무 재선충 때문에 멸종했다고 한다. 일본이나 대만이 우리나라보다 방제기술이나 자본이 풍부한데도 소나무재선충 방제에 실패한 것이다. 소나무재선충은 식물에 기생하는 선충으로 암컷 0.7~1.0㎜ 수컷 0.6~0.8㎜ 크기며, 상온에서의 수명은 약 35일이고 산란수는 100개 내외다. 매개충이 소나무 새순을 가해할 때 나무 조직내부로 침입한다. 소나무재선충의 1세대 경과일수는 25℃에서 4~5일, 30℃에서 3일이며, 계속 반복하여 번식하므로 1쌍이 20일 후에는 20만 마리로 늘어난다. 피해수종은 소나무와 곰솔이다.

건강한 나무가 소나무재선충에 감염되면 수분과 양분 이동이 제대로 안 되어 솔잎이 아래로 처지며 시들기 시작한다. 온도가 높은 시기에 많은 양의 소나무재선충이 침입하면 빠르게 병징이 나타나는데 3주가 지나면 외관상 묵은 잎의 변색을 확인할 수 있고, 1개월 정도 경과하면 잎 전체가 갈색으로 변하면서 나무가 죽기 시작한다.

피해 확산은 스스로 나무와 나무 사이를 이동할 수 없으며 매개충인 솔수염하늘소의 몸에 기생하여 다른 나무로 이동한다. 먹이가 풍부할 때는 이동 거리가 100m 이내로 짧지만 먹이가 없을 때는 약 4km까지 장거리 이동도 가능하다. 감염목을 무단 반출하여 건축자재, 생선상자, 파레트, 연료 등으로 불법 이용하는 과정에서 피해가 급속하게 확산되기도 한다.

매개충인 솔수염하늘소의 생태를 보면 성충의 크기는 2.2~3.0cm이며, 주로 1년 1회 발생하나 일부 개체는 2년에 1회 발생하기도 한다. 목질부로부터 성충으로 탈출하는 시기는 5월 중순에서 7월 하순까지 약 2개월이며 6월 중순에 가장 많이 출현한다. 탈출시각은 하루 내내 이루어지나 10시~12시 사이에 가장 많고, 흐리고 비가 오는 날보다는 맑고 따뜻한 날에 많이 나온다. 피해목으로 부터 몸속에 소나무 재선충을 평균 15,000마리 지니고 탈출한다. 성충은 건강한 나무의 새로 자란 가지를 주로 갉아 먹으며 이때 생긴 상처 부위를 통하여 소나무재선충을 감염시킨다.

소나무재선충의 방제는 벌채하여 훈증하는 방법과 소각하는 법, 파쇄법이 있지만 인력과 방제비가 많이 든다. 훈증법은 소나무 재선충병으로 고사된 나무를 베어서 1~2m^3 크기로 쌓아놓고 포장을 씌운 후 훈증하여 목질 내부에 있는 솔수염하늘소 유충을 성충으로 탈출하기 전에 죽인다. 쌓아놓은 나무에 약을 뿌리고 약제투입 후에는 신속히 비닐로 밀봉한다. 약제처리 후 일주일 이상 경과하면 목질내부의 매개충이 모두 폐사하는 우수한 방제 효과다. 매개충의 서식이 가능한 직경 2cm 이상의 잔가지까지 철저히 수거하여 훈증 처리해야 한다. 방제 작업할 때 유의사항은 감염목을 빠지지 않도록 잔가지까지 수거하고, 적정하게 약을 집어넣어야 한다. 감염된 부분은 나무 껍질을 완전이 벗겨내고 훈

증막이 찢어지지 않도록 밀폐하여 훈증일자와 처리본수를 반드시 기록해야 한다. 우리 국민이 가장 좋아하는 소나무, 그 소나무를 살려야 한다.

정지용 생가를 보며

정지용 시인이 태어나 어린 시절을 보냈던 집의 옛 모습을 찾아 생가를 복원하였다. 1902년 5월 15일 아버지 정태국과 어머니 정미하 사이에 장남으로 태어났다. 현재 죽향초등학교와 서울 휘문고등보통학교, 그리고 일본 동지사대학 영문과를 졸업하고, 귀국하여 모교인 휘문고보 영어교사로 재직한 바 있다. 1945년 이화여자 전문학교 교수, 경향신문사 주간을 역임하였고 서울대학교 강사로 출강한 바 있다.

그는 천재적 기질과 소박한 인품을 가지고 〈향수〉, 〈고향〉, 〈백록담〉 등 주옥같은 명시를 연이어 발표하였고 문장지를 통하여 청록파 시인인 박두진, 박목월, 조지훈 등을 문단에 등단시켰다. 그래서 현대 시문학의 선구자로 현대시사를 장식한 분이다. 그의 시와 글은 정지용시집, 지용시선, 문학독본, 백록담 등의 간행본에 수록되어 있으며 그에 대한 연구 논문이 계속 나오고 있다. 1988년 3월 '지용회'가 창립되었고, 그해 5월 15일에 지용제가 처음으로 거행된 이래 해마다 옥천에서 지용제가 군민축제로 또 전국적인 문학 축제로 성대히 거행되고 있어 그의 시세계가 더욱 값지고 빛나고 아울러 세계적으로 확산되어 가고 있다. "얼굴 하나야 손바닥 둘로 폭 가리지만 보고 싶은 마음 호수만 하니 눈 감을 수밖에" 〈호수〉 시의 전문이다 아명은 어머니의 태몽에서 유래되어 '지용池龍'이라 했고 이 발음을 따서 본명을 '지용芝溶'으로 했다. 휘문 재직시절 학생 사이에서 별명으로 '신경통' 이화여전 시절에는 '닷또상' 술을 좋아한 데서 온 '정종' 등의 별명이 있다. 열두 살에 동갑인 영동 사람 송재숙과 결혼하였다. 열네 살에 집을 떠나 처가의 친척인 서울 송기헌의 집에 기숙하며 한문수학 하였다. 열일곱 살 4월에 휘문고등보통학교에 입학하여 학생들이 만든 교내 잡지 ≪요람≫에 참여했다. 열여덥 살에 교내 문제로 야기된 휘문사태에 주동적으로 참가하여 무기정학을 받았으나 곧 복학하게 된다. 그해 12월 ≪서광≫ 창간호에 단편소설 〈삼인〉을 발표하게 되는데 이것이 정지용의 유일한 소설이다. 스물한 살이 되는 1922년 학예부 문예부장으로 ≪휘문≫ 창간호의 편집위원이 되어 〈풍랑등〉을 써 현재 전해지는 그의 첫 작품이 된다. 스물여덟 살에 도시사대학 영문과 졸업 9월 휘문고보의 영어교사로 부임 이후 16년간 재직함 스물아홉 살 3월에 박용철, 김영랑, 이하윤 등과 함께 '시문학' 동인으로 활동, 서른네 살인 1935년 10월에 제1시집 ≪정지용시집≫을 시문학사에서 출간한다. 총 89편의 작품이 실렸다. ≪문장≫지 창간과 함께 시 부문 심사위원이 되어 조지훈, 박두진, 박목월,

김종한, 이한직, 박남수 등을 등단시켰다. 김진섭 화백과 함께 관서지방 등지를 여행하며 기행문 〈화문행각〉을 쓴다. 제2시집으로 ≪백록담≫을 문장사에서 출간했으며 33편의 작품이 수록되었다. 마흔네 살 1945년 10월 이화여전 교수로 부임하여 문과과장이 된다. 마흔여섯 살 이화여전 교수로 복직한다. 마흔일곱 살에 박문출판사에서 산문집 ≪문학독본≫을 간행한다. 마흔여덟 살 대한민국 수립 후 과거 좌익 전력 인사들의 사상적 선도를 명분으로 만들어진 국민보도연맹에 가입한다. 1950년 마흔아홉 살에 한국전쟁이 발발하여 이후의 행적에 대한 증언이 엇갈린다. 행방불명의 시기는 7월 말인데 조선문학 동맹 회원으로 같이 활동한 4~5명의 사람들이 찾아와 함께 나갔다. 1971년 2월 20일 부인 송재숙 여사가 서울 은평구 역촌동 자택에서 별세한다. 1988년 민주화의 진전과 함께 상당수의 금지 문인이 풀리고 출판이 허용된다. 북한에 사는 정지용의 아들 셋째 아들 정구인 씨가 이산가족 상봉단 일원으로 서울에 와서 형 정구관, 여

동생 구원 씨를 만난다. 2002년 정지용 탄생 100주년이 된다. 생가지로 이동하는데 나무 사립문이 있고 흙돌담 위에 짚으로 만든 용마루가 걸쳐져 있다. 한 발자국 옮기니 리기다 소나무 2그루가 우리를 반긴다. 입구에 보이는 물레방아간 옆에 있는 향나무 무리 속에서 빨간 철쭉꽃이 봄바람에 흔들린다. 안채에는 "별똥 떨어진 곳 마음 해 두었다 다음날 가보려 벼르다 이젠 다 자랐오" 정지용이 지은 〈별똥〉의 큰 액자가 눈길을 끈다. 모과나무 옆에 장독대가 봄볕에 반짝이고 돌담 위에 짚 이엉은 졸고 있다.

돌무덤과 산 목련

비목나무는 한국의 가곡에 나오는 비목碑木과는 다르다. 이 나무는 녹나무과에 속하는 낙엽수로 키가 10m까지 크며 우리나라의 황해도 이남에서 자란다. 꽃은 은행나무처럼 암수 딴그루이며 4~5월에 연한 황색으로 핀다. 나뭇잎의 윗면은 녹색으로 광택이 있고 뒷면은 회백색이며 가을에는 노란색으로 단풍진다. 잎을 따서 비비면 싱그러운 냄새가 난다. 우리에게 잘 알려져 있는 한국의 가곡에 나오는 〈비목〉 이야기를 하려고 한다.

비석은 돌에다가 죽은 사람의 벼슬과 본향을 새겨 봉분 앞에 세워 놓은 것을 일컫는다. 돌에다 새겼으니 비석이고 나무에 새겼으면 비목碑木이라고 불러도 될 것인가?

내가 입대하던 1975년 동짓날은 무척 춥고 눈이 많이 내리던 겨울이었다. 새해 배치받은 곳이 육군부사관학교였다. 그 춥던 겨울이 지나가고 따뜻한 봄이 되니 차츰 적응되고 군기도 잡혀가고 있었다. 그런데 교육을 인솔하던 조교가 야간교육 시작 전 잠깐 사제 노래를 해도 좋다면서 나오라고 하니 후보생이 나왔다. 그는 전주에서 학교 다니다 입대한 친구였다.

초연焦烟이 쓸고 간 깊은 계곡/ 깊은 계곡 양지 녘에/ 비바람 긴 세월로 이름 모를 이름 모를 비목碑木이여/ 먼 고향 초동친구 두고 온 하늘가/ 그리워 마디마디 이끼 되어 맺혔네"

작사가 한명희 씨에 의하면 비무장지대 인근 전쟁 격전지 막사 주변의 빈터에 호박이나 야채를 심으려고 삽질을 하면 여기저기에서 뼈가 나왔으며 땔감을 하려고 톱질하면 파편에 의해 톱날이 망가지기도 했단다. 그런가 하면 순찰을 돌아보는 계곡이며 능선에는 군데군데 썩은 탄띠 조각이며 녹슨 철모 등이 나뒹굴고 있었다고 한다. 몇 개 사단의 많은 젊음이 죽어갔다는 전투의 현장을 본 셈이다.

그 뒤 어느 날, 그는 그 격전의 능선에서 개머리판은 거의 썩어가고 총열만 남은 카빈총 한 자루를 주워 왔다. 그리고 깨끗하게 손질하여 옆에 두고 그 주인공에 대하여 공상을 해 보았다. 전쟁 당시 M1 소총이 아닌 카빈의 주인공이라면 물론 소대장이고 계급은 소위였으리라. 그렇다면 영락없이 그와 비슷한 20대 한창 나이의 초급장교가 산화한 것이리라.

모든 것이 뜬구름이요, 무상함이었으리라. 그렇게 왕년의 격전지에서 젊은이의 비애를 슬퍼하던 어느 날, 초가을의 따스한 석양이 산록의 빨간 단풍의 물결에 한적한 해 질 녘

그는 어느 잡초 우거진 산모퉁이를 돌아 양지바른 곳을 지나며 문득 흙에 깔린 돌무더기 하나를 만날 수 있었다.

필경 사람의 손길이 간 흔적으로보나 칙칙한 이끼로 세월의 녹이 쌓인 것으로 볼 때 팻말인 듯 나뒹구는 썩은 나무 등걸 등으로 보아 그것은 결코 예사로운 돌들이 아니었다. 그것은 결코 절로 쌓인 돌이 아니라 뜨거운 전우애가 감싸준 무명용사의 유택이었음에 틀림없다. 어쩌면 그 카빈총은 꿈많던 젊은 장교의 마지막 전투지였음에 틀림없다.

그 시절의 비장했던 정감이 이쯤 되면 〈비목〉 같은 노래 가사 하나쯤은 절로 엮어질 수밖에 없었을 것이다. 오직 순수하고 감성적인 정서의 소유자였다면 누구라도 그 같은 가사 하나쯤은 절로 빚어낼 수 있었으리라. 그러던 어느 날, 그가 작곡가로부터 신작 가곡을 위한 가사 몇 편을 의뢰받았다. 바로 그때 제일 먼저 그의 머릿속에 스치고 간 영상이 첩첩산골의 이끼 덮인 돌무덤과 그 옆에 지켜선 새하얀 산목련이었다고 한다. 그는 화약 냄새가 쓸고 간 포연에 산화한 무명용사로, 그리고 비바람 긴 세월 동안 한결같이 그 무덤가를 지켜주고 있는 그 새하얀 산 목련을 주인공 따라 순절한 연인으로 상정하고 사실적인 어휘들을 골라 문맥대로 엮어 갔다고 한다. 풀벌레 울어대는 외로운 골짜기의 이름 없는 비목의 서러움을 모르는 사람, 고향땅 파도 소리가 서러워 차라리 산화한 낭군의 무덤가에 외로운 망부석이 된 백목련의 통한을 외면할 사람은 없으리라.

철모에 떨어지는 비를 맞으며 〈비목〉을 불렀던 그 친구도 군대생활을 잘했을 것이다. 정다운 전우들이 보고 싶다. 그 동기들도 지금쯤 나처럼 60고개를 허위허위 오르고 있을 것이다.

섬 속의 절

작은딸 세정이가 우리 내외에게 여행을 가자고 하여 청평사에 갔다. 첫날은 비발디파크에서 하룻밤을 지냈다. 마지막 날은 춘천시 북산면 청평리로 가려고 승용차를 타고 소양댐 쪽으로 갔다. 우리 부부와 딸 내외 그리고 외손녀 다영이까지 다섯은 소양호 주차장에 차를 세우고 청평사로 가는 배에 올랐다. 30분 간격으로 운행되는 배의 왕복 요금은 한 사람이 6천 원씩이었다.

청평사는 고려 광종 24년(973) 승현선사가 세워 백암선원이라 불렀다고 한다. 그 뒤 몇 번에 걸쳐 고치고 절을 넓혔다. 청평사로 이름을 바꾼 것은 조선 명종 5년(1550) 보우선사가 이곳에 와 다시 고쳐 세운 뒤부터다. 청평사의 회전문은 절에 들어설 때 만나게 되는 두 번째 문인 사천왕문을 대신하는 것으로, 중생들에게 윤회전생을 깨우치게 하려는 문이다. 규모는 앞면 3칸, 옆면 1칸이며, 앞면의 가운데 1칸은 넓게 드나드는 통로이고 양쪽 2칸은 마루가 깔려 있었다. 지붕은 옆면에서 볼 때 사람 인人자 모양을 한 맞배지붕이다.

또 지붕 처마를 받치는 부재들도 간결한 형태로 짜여 있는데, 이는 주심포양식에서 익공계 양식으로 변화하는 모습이다. 건물 안쪽은 벽이 둘러진 공간에 사천왕상 등의 입상을 놓을 수 있게 했으며, 윗부분에는 화살 모양의 나무를 나란히 세워 홍살을 설치하였다. 16세기 중엽 건축양식의 변화연구에 중요한 자료가 되는 건축물이다. 이 절의 서쪽 언덕에는 한국전쟁 때 불타버린 극락전이 있었는데 고려시대 건축의 기법을 보여주던 중요한 건물이었다.

청평사는 댐이 생긴 이후 더욱 유명해진 사찰이다. 소양댐에서 배로 15분 걸리는 '섬 속의 절'이다. 춘천에서 승용차로 온 다음 청평사로 가는 배를 타야 한다. 소박하고 단아한 정취를 풍기는 청평사 위로 우뚝 솟은 오봉산은 해발 779m 높이다. 아기자기한 바위 길인데 바위 봉우리 아래 소양호가 펼쳐져 있다. 사찰을 둘러본 뒤 배를 타고 돌아오는 뱃길이 재미있어 우리 가족이 추억을 만드는 데 제격이었다.

청평사에는 현존 건물로 대웅전을 중심으로 극락보전과 보물로 지정된 회전문廻轉門이 있다. 7~8분 정도 배를 타고 시원한 댐을 가로지르면 청평사까지는 3km정도다. 완만한 트래킹을 즐기며 유유자적 걸을 수 있는 길이 나온다.

오르다보니 붓으로 자유롭게 써놓은 시구가 걸음을 멈추게 했다.

"식암 여기서 쉬니/ 만사가 뜬구름 같구나/ 주위와 길이 함께 고요하니/ 몸도 장차 마음과 함께 쉬리라/ 하늘의 기미는 원래 적적하고/ 인간 세상은 수수하기만 하다/ 내가 그 쉼을 배우고자/ 속세에서 벗어나 강해에서 노누나"

소나무 판자에 시구를 써놓았데 옹이가 어설프게 두 군데 박혀 있었다. 오랜 세월 비바람에 시달려서 그런지 드러난 나이테가 희미하여 내 눈길을 붙잡고 한동안 놓아주지 않았다.

이곳 청평사가 아름다운 또 하나의 이유는 수려한 자연경관과 함께 슬프고도 애달픈 사랑의 전설이 전해지고 있기 때문이다. 아주 먼 옛날, 당나라 때의 이야기다. 태종에게는 아름다운 딸이 있었는데 그녀는 당시의 법도에 어긋나게도 평민청년과 몰래 사랑을 나누고 있었다. 그러나 은밀한 사랑은 오래가지 못하는 것인지 이 사실을 알게 된 태종이 격노하여 청년을 사형에 처하자 형장에 홀연히 커다란 뱀 한 마리가 나타났다. 바로 공주를 사랑한 죄로 죽음을 당한 청년의 원혼이 다시 태어난 상사相思뱀이었다.

뱀은 몰래 궁궐로 들어가 공주의 몸을 칭칭 감아 버렸다. 아무리 사랑했던 사람의 화신이라 해도 흉물스러운 뱀의 모습에 너무 놀라 의원들을 불러 온갖 시술을 해보았지만 뱀은 꼼짝도 하지 않았고 공주는 점점 야위어만 갔다. 신라의 영험 있는 사찰에서 기도를 드려보라는 어느 노승의 권유에 따라 공주는 유명사찰을 순례하다가 이곳 청평사까지 오게 되었다.

해가 저물어 도착한 공주는 구성폭포 아래의 작은 동굴에서 하룻밤을 보냈다. 다음날 아침 계곡에서 범종소리가 은은히 들려오자

"종소리를 들어보니 절이 멀지 않은 곳에 있는 듯합니다. 절에 가서 밥을 얻어 오려고 하니 잠시 제 몸에서 내려와 주실 수 있는지요?" 하니 그동안 한 번도 이런 부탁을 들어주지 않던 상사뱀이 웬일인지 순순히 몸을 풀어 주었다.

공주는 홀가분한 마음으로 계곡에서 목욕을 하고 때마침 법회가 열리고 있는 법당에서 기도를 올렸다. 한편 상사뱀은 시간이 늦어지자 혹시 도망간 것이 아닐까 하는 불안감에 공주를 찾아 나섰다. 절문을 들어서려는 순간 맑은 하늘에서 소나기와 함께 벼락이 내리쳐 뱀은 그 자리에서 죽었고, 불어난 빗물에 떠내려가 버렸다.

법회를 마친 공주가 음식을 얻어 가지고 내려와 보니 뱀이 죽어 폭포에 둥둥 떠 있는 것이 아닌가? 영문을 알 수 없는 공주는 깜짝 놀랐으나 시원스럽기도 하고 애처롭기도 하여 상사뱀을 정성껏 묻어주었다. 이 사실을 전해 들은 당나라 태종은 기뻐하며 금 세 덩어리를 보내 법당과 공주가 거처할 건물을 세우게 하고, 또 하나는 공주의 귀국 여비로 사용케 하며, 나머지는 후일 건물을 고칠 때 쓰라고 이곳 오봉산 어딘가에 묻어 두었다고 한다.

공주는 상사뱀의 극락왕생을 빌며 오랫동안 이곳에서 머물며 부처님의 은공에 감사드리다가 석탑을 세우고 귀국했다는 전설이 전해지는 명소다. 아직까지도 그때 묻었다는 금덩이는 발견되지 않았지만, 이후 공주가 머물던 동굴을 '공주굴', 목욕을 했던 웅덩이는 '공주탕'으로 불린다. 청평사의 대문인 회전문은 보우대사가 건립했다고 한다.

청평사, 경치가 빼어나고 아름다운 전설이 있는 이 청평사는 언젠가 또다시 찾고 싶은 절이다.

가슴이 두근거리는 나무

모래재 도로를 따라 한참 오르다 보면 가드레일 옆으로 고개 숙인 우산 모양의 겸손한 나무를 만난다. 그렇게 큰 키는 아니다. 나무의 피부가 회색빛을 띠고 줄기가 굽거나 사선으로 자라 약간 드러누운 모습이다. 7월쯤부터 꽃이 피고 지기를 되풀이하며 여름 더위에 취한다. 공작 모습을 닮아 힘차게 하늘로 치솟은 꽃의 모습은 광섬유심지에 불을 붙여 놓은 것 같은 분홍색 브러시 모양이다. 비단실 같은 꽃잎과 부챗살 같은 꽃술은 위쪽은 분홍색이고 아래로 내려오면서 흰색이다. 이 꽃을 따서 말린 것을 베개 속에 넣어두면 금실이 좋아진다 하여 애정목이라 했는지 모른다.

잎은 좌우복엽으로 낫처럼 원줄기 쪽으로 굽는다. 아까시잎 구조와 비슷하다. 그런데 이 잎은 낮에는 날개처럼 펴져 있고 밤에는 서로 포개져서 잔다. 낮에 지정해 놓은 나무를 밤에 가서 살펴보니 포개어 자는 것을 보고 자귀나무라고도 한다. 자귀나무 꽃이 분홍에서 흰색으로 내려가는 청순한 스물한 살의 여인이라면 밤이면 포개어 깊은 잠을 자는 신혼부부라고 하면 될 듯싶다. 무더운 여름 밤하늘의 불꽃놀이처럼 정렬을 불태우고, 밤이면 잎의 합쳐져 수면운동을 한다. 그러니 그 건강과 환희로 콩깍지 같은 충실한 열매가 9－10월에 익는다.

내가 이 자귀나무꽃에 애정을 주는 이유가 있다. 나무땔감을 이용하여 온돌방을 데우던 시절, 이 나무를 땔감으로 이용했었다. 그때는 꽃을 보지 못했다. 그 겨울에는 거추장

스런 잎을 벗어 버리고 회색 수피에 단조로운 모습이었다. 그러나 1980년대 초반 도로변 공한지에 꽃동산이 많이 조성되었다. 자귀나무 식재가 활성화되어 지금 차를 타고 지나다 보면 내가 심은 나무가 부채나무나 산야자수같이 그윽한 그늘을 만들어 주고 있어서 환상적이다.

자귀나무의 꽃말은 '환희'와 '가슴이 두근거림'이라고 하니, 젊은 꿈나무로 정열의 나무임에 틀림없다. 기쁘고 설렘이 있는 자귀나무꽃은 고속도로변이나 산과 들에 붉게 핀다. 나무를 다듬는 연장 중에 자귀가 있는데 그 손잡이로 쓰기도 한다. 이것은 움이 늦게 피기로 대추나무와 비슷하여 꽃이 피기 시작하면 옛날 시골에서는 팥을 뿌릴 때가 된다고 추정했다. 대추꽃이 피면 모내기를 해야 한다고 믿었다.

부부 금실이 좋아진다는 이 자귀나무에는 전설이 있다. 옛날 중국의 두양이라는 사람에게는 현명한 아내가 있었다. 그 부인은 해마다 단오날에 자귀나무꽃을 따서 말려 베개 속에 넣어 두었다. 그러다가 남편이 우울해지거나 불쾌한

기색이 보이면 곧 이 꽃을 조금씩 꺼내 술에 넣어 마시게 했단다. 이것을 마신 남편은 곧 예전처럼 평온해졌다고 한다.

자귀나무 껍질은 요통, 타박상, 어혈 등을 치료하는 약재로도 쓴다. 봄이나 가을철에 껍질을 벗겨 흐르는 물에 5일쯤 담가 두었다가 약으로 쓴다. 자귀나무 꽃을 약으로 쓰기도 하고, 술에 담가서 먹을 수도 있으며, 꽃잎을 말려 가루를 내어 먹을 수도 있다. 여름철 창밖으로 펼쳐지는 자귀나무 꽃을 바라본다. 나는 식물인 자귀나무를 사람과 비교해도 비슷하다고 생각한다. 정이 많은 유정수有情樹 로서 손색이 없다. 은근하고 화려한 자귀나무 꽃잎 하나를 책갈피 속에 넣어두고 싶다.

자귀나무는 밤중에 수면운동으로 잎이 접히는 모습이 부부 금실을 상징한다. 예전에는 자귀나무를 울타리 안에 정원수로도 많이 심었다. 자귀나무처럼 잎이 예민한 신경초는 외부의 자극에 잎이 오므라들어 붙어 버리지만 자귀나무는

낮에 펼쳐졌던 잎이 해가 지면 서로 마주보며 접힌다. 꽃이 아름답고 화려하여 사랑을 받는 관상수이다. 줄기는 굽거나 누운 것처럼 보이며 잿빛이 도는 흑색이다. 꽃과 줄기, 씨앗, 나무껍질까지 약제로 사용하는데 마음을 편안하게 하고 분노를 삭여주는 약재로 사용된다고 한다.

자귀나무꽃도 약으로 쓴다. 술에 담가서 먹을 수도 있고, 꽃잎을 말려 가루내어 먹을 수 도 있다. 꽃은 기관지염, 불면증, 폐렴 등의 치료에 효과가 있다. 말린 꽃을 먹을 때는 물 한 되에 꽃잎 한 줌을 넣고 물이 반쯤 되게 달여서 먹는다. 산중 수도자들이 즐겨 먹는 약이기도 하다. 정신을 맑게 하고 안정시키는 데 효과가 있다.

고치면 쓸 수 있는 것

우리 집 구석진 곳에 무딘 괭이와 도끼 한 자루가 있는데, 괭이자루와 도끼자루가 썩어가면서 제 구실을 못하고 있다. 5일장이 서는 장수 장날만 문을 여는 대장간이 있다. 새로 다듬고 싶어 대장간을 찾아갔다. 시장 한쪽 함석지붕 아래에서 숯불 화덕에 불이 타고 있고, 농기구인 낫과 호미, 인삼 캐는 괭이 등 철물공구들이 정돈되어 있었다. 그곳에는 전 군의원을 지냈던 분과 몇 사람들이 구경을 하며 여러 가지

농기구를 고르고 있었다.

내가 가지고 간 괭이를 내려놓았다. 닳아빠진 괭이와 다 썩어가는 자루를 보며 구경하던 사람이 한마디 던졌다.

"어디서 일하다 낡아지니 한쪽에서 놀다 왔나 보다, 잘 고치면 쓰겠다."

"쇠약하고 쓸모없이 버림 받은 폐품을 재생하려고 가져왔습니다."

"괭이는 쇠를 달구어 다시 만들면 쓸 수 있지만 사람은 늙으면 다시 고쳐 새로운 연장으로 만들 수 없겠지요?"

괭이는 쇠붙이지만 자루는 나무다. 그 도구를 이용하는 사람과는 떨어져서는 안 되는 공생의 관계다. 땅을 파거나 농사를 지을 때 쇠와 나무의 능력은 어느 쪽도 무시할 수 없는 필수적인 임무를 가지고 있다. 현대판 대장간은 양에 대한 것보다 질의 승부로 압축할 수 있다. 농기구를 잘 만들지 못하면 값이 싸고 표준화된 물량 공세를 이길 수 없다. 4평 남짓한 좁은 공간에서 쇠를 달구고, 식히고, 두드리는 어려움을 참아낼 수 있는 이유는 수제품을 좋아하는 고객들의 강력한 성원이 있기 때문이다. 고객의 마음을 사로잡는 비결은 공장 제품이 따라올 수 없는 제대로 된 담금질에 숨겨져 있다.

쇠와 나무가 연리지 같은 깊은 사랑에서 분리되어 버렸다. 섭씨 2천도에 이르는 시뻘건 화염을 내뿜는 화덕에 괭이와 도끼를 넣고 요리조리 돌려가며 달군다. 벌겋게 달궈진 쇳덩이를 바탕에 내려놓고 대장장이가 망치로 두들겨 새로 농기구를 만든다. 잘 익은 홍시 같은 색깔을 띤 괭이는 집게에 집혀 망치로 두들겨 맞고 다듬어지기 시작했다. 담금질하는 물은 허름한 세수 대야에 담겨져 있다. 달군 쇠의 온도를 조절하여 강도를 높여주어야 한다. 그렇게 해야 좋은 연장이 만들어지는 것이다.

쇠는 말이 없다. 생물과 무생물의 차이일까. 인간의 바른 인격형성은 교육에서 이루어진다. 그다음은 그 능력을 필요한 곳, 필요한 사람에게 배치하여 그 분야에서 거의 일생을 보내고 내려온다. 그때는 삶의 깊이와 희로애락에 조금씩 의연해지는 나이가 된다. 먼 들판에서 불어오는 한 올의 바람에도 괜히 눈시울이 붉어지는 때가 있다. 힘든 짐도 내려놓고 무거운 옷도 벗는다. 화려한 명예란 옷도, 고운 모습도 버릴 것은 버리고 변해야 된다. 스스로 변화하지 않으면 변화된다고 했지 않은가. 모든 것은 하나둘 떠나고 버려야 할 것이 있고 채워주고 더 베풀어야 할 것이 있다.

괭이자루는 다시 고쳐 쓰지 못한다. 불을 때는 나무로 화끈하게 봉사한 다음 한 줌의 재로 변화되어 흙으로 돌아간다. 흙은 또 다른 시련을 겪어야 한다. 비와 바람과 무더운 태양을 이겨내야 한다. 서슬이 퍼런 맹추위를 맞으며 홑알구조와 떼알구조로 미생물과 혼합하여 퇴비가 된다. 퇴비가 된다는 것은 질소와 인산, 가리 등 미량의 원소들로 나누어진 다음 지하수와 합쳐 물관을 타고 수액이 된다. 수액이 탄소동화작용을 하여 탄수화물로 만들어 버리는 화학작용을 한다. 나무가 불이 되고 불이 흙이 된 다음 물과 합하여 다시 나무가 되어 괭이나 도끼와 만나면 괭이자루나 도끼자루가 된다.

단단한 쇳덩이는 다시 호미나 낫으로 변할 수 있다. 대장장이는 힘과 솜씨와 끈기를 갖춰야 하는 어려운 직업이다. 장인으로 인정받으려면 눈썰미가 필요하고, 예술적 감각과 아름다움과 추함을 판별하는 능력과 견문이 필요하다. 다듬어진 괭이와 도끼의 자루로는 물푸레나무를 선택했다. 낙엽활엽수로 재질이 치밀하고 강인하여 농기구 자루로 안성맞춤이기 때문이다. 새로 농기구를 고쳐 나오면서 생각하니 사람은 늙으면 다시 고쳐 활용할 수 없어 안타까웠다.

처서 무렵의 소리

신선한 바람이 불기 시작하는 계절이 오며 무더위가 한풀 꺾어진다. 처서라고 하면 모기의 입도 비뚤어진다고 한다 하지만 올 여름 무더위는 유난히 기세가 등등한지 쉽게 물러서지 않을 것 같다. 찌는 듯한 더위와 아스팔트 위에 이글거리는 더위는 성난 불덩이 같다. 산과 바다 그리고 계곡으로 더위를 피해 도망치듯 한다. 지구가 더워지는 것은 인간들이 저지른 환경을 소중하게 생각하지는 이유라 한다. 처서는 태양의 황도 좌표상의 위치로 정하는 24절기 중 14번째 해당되는 절기로, 입추와 백로 사이에 들며, 태양이 황경 150도에 달한 시점으로 양력 8월 23일, 음력 7월 15일 무렵이다. 이 무렵의 날씨는 한 해 농사의 풍년과 흉년을 결정하는 데 매우 중요하다. 비록 가을의 기운이 왔다고는 하지만 처서 무렵이면 벼의 이삭이 패는 때이고, 이때 강한 햇살을 받아야만 벼가 성숙할 수 있어서 햇살이 좋고 날씨가 쾌청한 것이 좋기 때문이다. “여름이 지나면 더위도 가시고 신선한 가을을 맞이하게 된다.”는 뜻으로 더위가 그친다는 의미에서 붙여진 이름이다. 그러면서도 처서 정도면 시원한 바람이 불어주어야 되지 않을까 생각해 본다. 그러면서 자세히 살펴보면 숲의 색갈이 달라지는 것이 조금은 보인다.

더위의 기세에 들키지 않도록 살금살금 우리 곁에 다가서고 있다. 고추 밭에 빨간 고추가 짙은 녹색 아래 숨어서 태양에 몸을 태우는 것처럼 해가 지고 밤이 되면 창문 너머 들어오는 신선한 바람이 몰래 손짓한다. 24절기 중 입추를 지나고 백로 사이에 들며 음력 백중 무렵이 된다. 여름이 지나면 더위도 가시고 신선한 가을을 맞이하게 되어 더위가 그친다는 의미로 보면 된다. 다가오는 가을은 마음을 설레게 한다. 조금 지나면 높고 푸른 하늘에 서늘한 바람이 불어올 것이다.

나뭇잎들은 기나긴 여름을 정리하며 푸른색을 벗고 헤어지기 위한 울긋불긋 다홍치마 저고리를 갈아입을 것이다. 단풍이 들어가는 것은 가지에 맺은 정을 식히기 위함이다. 그러면서 풀벌레의 울음과 풀잎 스치는 바람 낙엽 구르는 소리가 자연에 퍼질 것이다. 오래전부터 나는 이 무렵 부르는 노래가 다가온다.

> 구월이 오는 소리 다시 들으면/ 꽃잎이 피는 소리 꽃잎이 지는 소리/ 가로수에 나뭇잎은 무성해도 우리들의 사이엔 낙엽은 지고/ 쓸쓸한 거리를 지나노라면/ 어디선가 날 부르는 당신 생각뿐

이 노래를 부르노라면 쓸쓸한 쓰르라미 노래 소리는 절규하듯 온 동네를 떠들어 댔다. 들판의 벼 이삭은 패고 이에 강한 햇살을 받으며 벼 몸을 불린다. 그래서 생각이 깊어지면 더 많은 소리를 듣게 된다. 빨간 고추 햇빛에 마르는 소리와 밤송이 속에서 알밤 여무는 소리! 누군가를 향해 그리워하는 소리를 들을 수 있다. 모두 마무리하는 결실의 소리도 들을 수 있다.

2부

전해산 장군 추모제

전해산 장군 추모제

시월의 중순이면서 음력 9월 9일은 전해산 장군의 추모제가 열리는 날이다. 오늘 그 행사에 가려고 차에 타려는 순간, 아침까지만 해도 쾌청하던 날씨가 갑자기 검은 구름이 몰려오더니 앞 차창에 후두두둑 빗방울이 떨어지기 시작했다. 이러면 안 되는데 하면서 차를 몰고 행사장으로 갔다. 도로 주변에는 아직 탈곡이 안 된 논에 누런 벼가 고개를 숙인 채 조용히 자신들의 지나온 계절을 정리하고 있었다. 저만

치 차들이 줄지어 서 있는 곳으로 가보았다. 예상치 못했던 빗줄기를 피하고자 천막을 치고 있었다. 진설한 제사상을 보호하려고 준비한 것이다.

이곳은 북쪽의 수분령에서 금강과 섬진강으로 나뉘어 흐르는 물 중 이 물은 남원 요천수 쪽으로 흐르고 있었다. 운봉재에서 생긴 동쪽 물이 서쪽으로 흐르다 물이 합수되는 곳이다. 여기는 장수군 번암면 대론리 원촌마을이다. 남향으로 자리한 묘소에서 바라보면 바로 앞에 시냇물이 졸졸졸 흘러가고 앞 논에서는 누렇게 익은 벼가 탈곡을 기다리고 있다. 88고속도로가 운봉 쪽으로 기어오르고 상수리나무와 소나무가 섞인 혼효림 아래 요천수가 보인다. 곁에는 옅은 단청의 정자 하나가 가을을 부르고 있다. 내리던 비가 금세 멎었다. 장군의 충정을 하늘도 배려하는 것일까. 제례행사는 예정대로 진행되었다.

촛불이 타고 향불이 타오르니 코끝의 냄새가 자연스럽게 두 손이 앞으로 모아졌다. 전해산 장군의 약력을 소개하였다. 대동의병장 전해산 장군의 휘는 '기홍基泓', 자는 '수용垂鏞'이고, 관향은 '천안天安'이며, 호는 '해산海山'이다. 고려조에 좌상을 지낸 전인양의 후손으로 1879년 10월 18일 임실군 둔남면 국평리에서 아버지 전병국과 어머니 경주김씨 사이에서 출생하였다. 장군이 여섯 살 되던 1885년 부모님을 따라 이 마을로 이사 와서 자라면서 교육을 받게 되었다. 거사는 물론 순절 후 유택까지 이 자리에 모시게 된 것이다.

어려서부터 영특하고 비범했던 장군은 학당에서 의로운 친구들과 더불어 훌륭한 청년으로 성장하였다. 1905년 을사보호조약이 체결되어 국권이 일본에게 약탈되자, 이듬해 장군은 당시 국가적 지도자 최익현 선생의 순창의거에 참가하였으나 실패로 끝나고, 최익현 선생이 순국한다. 그 뒤를 이어 의병을 300여 명 거느리고 남원, 순창, 임실, 장수 등지에서 유격전을 펼쳐서 수백 명의 왜병을 포살하자 그 명성이 전국 팔도에 떨치게 된다.

전남 나주 출신 김준 의병장의 활약을 듣고 연합전선을

꾀하고자 광주와 나주를 무대로 활동하게 된다. 1908년 7월 25일 여러 장졸들의 추대로 대동의병대장으로 지휘권을 잡고 훈련을 쌓아간다. 많은 의병장졸을 이끌고 왜병과 맞서 싸운 석문동대전을 전개하여 큰 전과를 올렸다. 통솔력이 탁월한 장군은 광산 대치작전, 순창 내동전투, 정읍 입암산 전투, 순창 화개산작전 등을 승리로 장식한다. 전투마다 패배하던 왜군이 본국에 구원병을 요청하여 영광 오동촌포위작전에서 피아간 많은 사상자를 내고 부하장병들을 잃고 후일을 기약하며 해산하게 되었다. 이때까지 71회 전투에서 왜병 살상자 수는 3,500여 명에 이르는 피해를 입혔다.

의병을 해산하고 백주대로를 걸어 고향으로 돌아왔으나 혈안이 되어 찾던 왜군 헌병들의 눈을 피하고자 동화리에서 은거하며 어린 학동을 가르쳤다. 그러다가 왜군 헌병에 체포되어 광주법원에서 사형언도를 받았다. 다시 대구고등법원으로 이송되어 재판을 받을 때 장군은 왜군 판사 앞에서 큰 소리로

“내 눈을 빼서 동해 바다에 걸어 놓으면 머지않아 일본이 망하는 것을 반드시 보게 될 것이다.”
라고 호통을 쳤는데 그 뒤 장군의 그 말씀이 현실로 되고 말았다.

1910년 7월 19일, 당대의 영웅 전해산 장군은 의병장 박영근과 함께 사형이 집행되어 31년의 생애를 애국충절로 마감하게 되었다. 장군의 부모는 체포되어 가는 아들의 모습을 보고 비통한 나머지 식음을 전폐하고 신음하다 별세하였다. 장군의 부인 김해김씨는 시부모를 치상하고 혼자서 가정을 지켰다. 그해 9월 장군의 유해가 원촌리 본댁으로 돌아왔다. 남편의 시체가 든 관을 어루만지며 크게 통곡하다 그날 밤 자결하니 온 마을이 울음바다가 되었다. 절세의 충신과 열녀를 마을 앞 양지바른 언덕, 이 자리에 쌍분으로 모신 것이다.

광복 뒤 국가질서가 잡히고 정부에서 1962년 장군의 공을 기려 건국훈장을 추서하였다. 이에 장수향교유림회에서 번암면 노단리에 장군의 추모비를 건립하였다. 그리고 뜻있는 인사들이 전해산 장군의 업적을 잊지 않고 받들고자 추모제전을 모신 것이다. 제례행사가 마무리 되고 음복하면서 제사음식을 나누어 먹는데 구름이 걷히며 하늘이 밝아졌다. 가을바람이 촛대를 어루만지다 살며시 비켜갔다.

화양동 구곡을 찾아

을미년 광복절은 70주기라고 하여 여기저기 뜻 깊은 행사가 이루어졌다. 그중에 장수고등학교 총동문회원 체육행사가 있었다. 1955년 4월 11일 장수농업고등학교를 시작으로 53회 졸업까지 5,158명의 졸업생을 배출하였다. 만남의 시간을 가지고 난 후 체육대회로 배구, 족구, 윷놀이로 흥을 돋우었다. 다음으로 격려 물품을 놓고 노래 및 장기자랑으로 행운권 추첨이 있었는데 반갑고 행복해 하는 모습이 학창

시절로 되돌아가는 느낌이었다. 우리 가족은 남매들과 아내와 처형, 처제가 동문이다. 처형이 청주에서 먼 길을 방문하여 서울에서 온 친구들을 태우고 오게 되었다.

그곳에 좋은 계곡이 있어 화양동구곡을 가보자고 산행을 시작했다. 화양동이라 불리게 된 것은 조선시대 유학자인 우암 송시열 선생의 행적이 남아 있는 화양계곡이다. 원래 회양목나무를 황양나무라고 불렀는데 많이 심어져 있어 화양동이라 불렀다고 한다. 우암 선생이 이곳으로 거쳐를 옮기면서 중국을 뜻하는 화華와 일양래복一陽來腹의 양을 따서 화양동으로 이름을 고쳤다고 한다.

주차장에다 차를 받치고 걸어서 산행을 시작했다. 오른쪽으로 아름드리 터줏대감 느티나무가 화양동을 지키며 살아가고 있었다. 오래 살아가는 나무로 선조들이 마을의 안녕과 액운을 막기 위해서 심은 것이다. 나무 주위에 정리된 바윗돌에 앉아 옛 이야기 꽃을 피우기 좋았다. 단풍나무 등으로 가로수가 있는 곳을 지나 화양구곡 중 제2곡으로 계곡에 맑은 물이 모여 소沼를 이루어 구름의 그림자가 맑게 비친다하여 운영담雲影潭이라 하였다고 한다.

녹음이 우거진 산자락 사이에 큰 바위, 중간바위, 작은 바위가 삼형제가 깊은 소를 내려다보는 것 같다. 물 가운데 접근 금지 흰 선이 있어 멀리서 바라만 보았다. 제3곡으로 읍궁암泣弓岩은 송시열 선생이 조선시대 효종이 북벌의 꿈을 이루지 못하고 41세의 젊은 나이에 승하함을 슬퍼하여 새벽마다 한양을 향하여 활처럼 엎드려 통곡하였다 하여 붙여진 이름이다.

이곳에 우암의 유적지가 있다. 조선 성리학을 계승하고 완성한 애국사상과 청나라 무력에 굴하지 않는 민족 자존정신이 깃든 곳이다. 이 서원은 우암이 은거했던 장소에 세워진 조선시대 학자들의 모임 장소였단다. 주변에 송시열의 묘소와 신도비, 암서재 주변의 암벽에 충효절의忠孝節義, 비례부동非禮不動 등이 새겨졌다. 맑은 물과 깨끗한 모래가 보이는 계곡 속의 못이라는 의미로 금사담金沙潭이라 불리는 이곳이 화양계곡의 중심부이다. 조선 숙종 때 정계를 은퇴한 우암이 반석 위에 집을 지어 이름을 암서재라 하고 은거하며 학문을 연구하며 수양하였다.

푸른 숲속에 기와지붕에 정갈한 한옥 정자다. 처진 소나무 아래 돌에 새겨진 금사담 글씨가 선명하게 보이고 물속에는 가벼운 옷차림의 물놀이객들의 옷차림이 빨갛게 너울댄다. 문질러 빛나는 것처럼 보이는 넓은 바위는 억년의 물과의 스침에서 온 인연의 결과일 것이다. 우리도 그 반석에 앉아 냇물에 발을 담그니 시원함이 그 시절 그 취향에 젖은 듯하다. 큰 바위가 첩첩이 층을 이루고 있으며, 그 위에서 하늘의 천체를 관측할 수 있다고 하여 첨성대瞻星臺라고 부른다. 겹겹이 쌓여진 작품은 신의 힘과 지각 변동으로 만들어졌다고 보면 어느 정도 긴 세월이었을까 숙연해진다. 능운대凌雲臺 바위는 화양구곡 중 제6곡으로 큰 바위가 냇가에 우뚝 솟아 그 높이가 구름을 찌를 듯하여 이름 지었고 능운대 바위 글씨를 새겨 놓았다. 여러 가지 형상들이 참나무

배경에 쌓여있고 넝굴 식물들이 바위에 기어다니며 간지럼을 주고 있다.

용이 누워 꿈틀거리고 있는 모습과 닮았다 하여 붙여진 와용암臥龍岩이 있다. 바위 글씨가 뚜렷하게 새겨지고 이것을 그림과 시로 만들어진 때가 1809년 작품이라니 오래된 시간 여행이다. 화양구곡華陽九曲 중 제8곡으로 큰 소나무들이 운치있게 조화를 이루며 우뚝 솟은 바위산으로 청학이 바위 위에 둥지를 틀고 알을 낳았다고 하여 학소대鶴巢臺라고 부른다.

도명산 가는 다리에서 시 한수 나그네 발길을 잡는다.

고심槁心

태고의 신비를 안고/ 계절 따라 단장하며/ 님 기다리는 도명산道明山/ 나는 그녀가 품어주는/ 산 향기 개울바람 마시며/ 수정 알 같은 냇물에 발 담그고 서서/ 그의 님 기다린다/ 아 그러나 내 마음 두렵구나/ 누가 이 길을 건너갈까

/ 저 청순한 여인의 품 같은 계곡 속으로/ 행인아 고이 다녀오소/ 흰 구름 산허리 스쳐가듯/ 봄 향기 여인의 옷자락 스쳐가듯/

이런 명경 같은 깨끗히 흐르는 냇물을 보며 물과 어울린 바위들을 보면 이런 마음은 누구나 공감할 것 같다. 화양구곡 중 제 9곡으로 계곡 전체에 흰 바위가 티 없이 넓게 펼쳐져 있으며 그 위에 흐르는 물결이 마치 용의 비늘을 꿰어놓은 것 처럼 보여 파천이라 부르며, 신선들이 이곳에서 술잔을 나누었다는 전설이 있기도 하다. 화양구곡의 제1곡은 주차장 오기 전에 있는 경천벽이기에 차창 밖으로 멀리 볼수 있었다. 이렇게 속리산 국립공원에는 화양동구곡을 비롯하여 선유동구곡, 쌍곡구곡 등 3개의 구곡이 있다. 속리산 국립공원은 속세를 떠난다는 뜻으로 한반도 중남부를 지나는 소백산맥의 줄기에 있다. 충북 괴산군에 있는 화양동 계곡 중에서 화양 구곡을 함께 옛 정취를 나누어 본다.

무성서원을 찾아서

은행나무 잎이 연두색에서 녹색으로 변해 가는 이른 여름이다. 오늘은 정읍시 칠보면 무성리 무성서원을 둘러보기로 했다. 이 서원은 크게 강학영역과 제향영역으로 나눌 수 있다. 강학영역은 학문을 닦고 배우는 공간이다. 앞 건물이 강당이고 그 뒤에 내삼문과 사당이 있다. 왼쪽에는 비각으로 갈 수 있는 통로가 있고, 오른쪽에는 강수재로 갈 수 있는 협문이 있다. 무성서원이 건립될 당시 이미 잘 정비되어 있었으며, 사당인 태산사와 함께 강당과 강수재가 갖추어져 서원 건축의 구성을 제대로 이루고 있었다.

강당은 무성서원의 강학공간으로 1475년 불우헌 정극인이 향약을 창설하면서 세워진 향학당에서 유래한다고 할 수 있다. 1615년 광해군 7년에 태산서원이 창건되면서 현재와 규모나 형태는 다르지만 강당 역할을 하는 상사가 있었다. 1828년에 강당에 큰 불로 소실된 뒤 순조 28년에 현감 서도순의 도움으로 중창하여 현재 모습을 갖추고 있다. 강당인 명륜당은 앞면 2칸 · 옆면 2칸의 팔작지붕 집이다. 이곳에는 귀중한 서원자료가 보존되어 있으며, 조선 후기 대원군의 서원철폐령에도 남아있던 47개 서원 중 하나다.

강수재는 유생들의 기숙공간으로 동재 강수재와 서재인 흥학재가 있었다. 현재 강수재만 남아있다. 강수재는 1696년 사액 후에 고사를 강수재로 변경하면서 강수재라는 명칭이 등장하는데 현재 건물은 1887년 고종 24년에 세워진 것으로 이후에 몇 번의 수리를 거쳤다. 무성서원과 담을 마주하고 있는 강수재는 보충학습 즉 서원에서 공부를 마치고 난 뒤 학습이 부진한 학생들이 공부하던 곳이라고 한다. 그러고 보면 그 옛날부터 학생들이 공부를 함에는 반드시 우열의 차이가 있어 이 차이를 극복하기 위한 여러 가지 방법들이 있었던 것 같다.

제향영역은 서원의 가장 중요한 기능중 하나로 향사를 지내는 곳이다. 앞에 있는 문이 내삼문이고 뒤에 건물이 최치원崔致遠 외 8현을 추모하기 위하여 세워진 게 태산사泰山祀이다. 무성서원 향사는 매년 2월 중순경에 한 번 지낸다. 향사 절차는 무성서원 원지에 자세히 기록되어 있다고 한다.

태산사는 신라 말 태산군수로 부임하여 선정을 베푼 고운孤雲 최치원을 기리기 위해 사당을 세우고 태산사라 부르는 데서 유래했다. 고려 말 훼손되어 철폐되었다가 성종 14년 지금의 자리로 옮겨 세웠으며, 여러 차례 중수했고, 현재 건물은 헌종10년에 세운 것이다.

원래 최치원을 제향하기 위한 태산사였으나 1696년 사액을 받아 사액서원인 무성서원이 되었다. 이 서원에는 최치원, 신잠, 정극인, 송세림, 정언충, 김약묵, 김관 등을 함께 모시고 있으며, 봉심안과 강안, 심원록, 원생록, 원규 등 중요한 서원 연구자료가 있다.

비각영역으로 신용희 불망비는 1925년에 세운 것으로 비문에는 '통정대부 전비서감승 신용희申瑢熙 불망비不忘碑'라 새겨져 있다. 무성서원 내에는 현재 4개의 비각이 있다. 이곳에 위치해 있는 2개와 강수재 서남측면에 2개가 있다. 왼쪽에 신용희 불망비가 있으며 오른쪽에 강당 재건에 힘쓴 현감 서호순 불망비가 세워져 있다.

사당은 앞면 3칸 · 옆면 3칸의 규모로 성종 15년(1484)에 세웠고, 문루인 현가루는 앞면 3칸 · 옆면 2칸의 지붕 옆면이 여덟 팔八자 모양을 한 팔각지붕이다.

무성서원내외부에 모두 15기 비석이 있다. 역대 현감들과 무성서원을 지켜낸 인물들에 대한 공적비가 대부분이다. 1849년 철종 즉위년에 세운 것으로 비면에 현감 서호순 불망비라 새겨져 있다. 최치원 위패를 모신 곳인데 대원군의 서원철폐를 피해 살아남은 무성서원은 지금 현재도 그때의 원형을 거의 그대로 유지하고 있는 곳이라고 한다. 우리는 옛것을 보러 올 때마다 그저 좋아 보이고 공기 좋은 곳에 있어서 조상들이 좋은 곳에 살았다고 생각된다.

정읍이 자랑하는 문화유산 중 하나인 무성서원이 필암서원, 소수서원, 도산서원, 병산서원, 옥산서원, 남계서원, 돈암서원과 함께 세계문화유산에 등록키로 잠정 결정되었다는 소식이 있다.

이 아름다운 문화유산을 잘 가꾸고 보존하여 후손들에게 물려주고 무성서원이 지구촌의 여러 나라 사람들에게 대한민국을 기억할 또 하나의 자랑거리가 되었으면 좋겠다. 원래는 태산서원이라 하던 것을 숙종 22년(1696)에 임금으로부터 이름을 받아 무성서원이라 하게 되었다. 앞에는 공부하는 공간을 두고, 뒤에는 제사 지내는 사당을 배치한 전학후묘 형식이다. 현재 남아있는 건물은 사당, 현가루, 동·서재, 비각, 명륜당 등이다.

무성서원에는 많은 비석군이 있다. 가장 왼쪽에 있는 이 최응 불망비는 당시 영의정이자 대원군의 사촌동생을 기리고자 세운 비다. 서원 철폐령이 내려졌을 때 덕분에 무성서원이 보존될 수 있도록 도와준 공덕을 기리기 위해서 세운 것이다. 당시 무성서원에 많은 유생들이 공부하던 곳으로 천장에는 많은 편액들이 걸려있어 서원의 긴 역사를 짐작하게 해준다. 수많은 어린 유생들이 이곳에서 공자맹자를 공부하느라 마루바닥이 반질거렸을 것이다. 그곳이 그저 조용한 곳, 그래도 세계문화유산으로 등록된다고 하니 다행이다.

옛날 이곳에서는 아침저녁으로 글 읽는 소리가 낭랑하게 들리고, 담장 너머로 은은한 묵향이 배어 나왔을 것이다. 음악소리가 아름답게 울려 퍼지는 서원의 정취는 5천 년 역사를 이어온 우리의 소중한 정신문화유산이다.

여수엑스포에서 만난 듀공 소년

내륙에서 태어나 살아가는 나는 바다를 자주 볼 기회가 적다. 그런데 임진년 5월 12일부터 8월 12일까지 여수 신항 일대에서 세계박람회가 열렸다. 연안의 개발과 보존, 새로운 자원기술, 창의적 해양 활동이란 세 가지 주제로 열린 여수 엑스포는 8백만이 넘는 세계인들이 여수를 찾았다. 무주산림조합 직원들은 창립기념일인 5월 18일 뜻 깊은 여수 엑스포를 둘러보려고 바다여행을 시작했다.

여수세계박람회가 개장한 지 며칠 되지 않아 새로 지은 건물들은 청결하고 쾌적한 시설을 자랑하고 있었다. 행사장 바로 앞이 바다이므로 하늘이 파랗게 보여 분위기가 좋았지만 줄서기가 너무 길고 복잡하였다. 그러나 기억에 남는 것은 역시 엑스포 디지털 갤러리다. 천장이 온통 디스플레이로 되어 장관이었다. 영상을 통해 인간이 바다 속 생물과 같이 살아가는 미래 해양세계를 실제처럼 느낄 수 있었다.

깊은 바다와 연안에 관련된 살아있는 바다와 숨 쉬는 연안으로 주제를 삼았다. 공동과제에 대한 대안 모색을 경제 사회 문화 등 여러 면에서 우리나라를 한 단계 향상시키게 되었다. 기후 환경관에서는 지구를 살리는 데 도움을 주고 있는 바다의 가치를 메시지로 던져주었다. 바다가 지구의 이산화탄소를 흡수하여 기후를 조절하는 일을 한다는 것이다. 살아 있는 바다를 병들게 하면 지구의 파멸이 올 수 있다고 경고했다. 전시관 얼음터널을 지나며 남극의 강풍과 녹아내리는 북극 빙하를 체험했다.

해양생물관인 아쿠아리움에는 바다 동물이 있는데 수달이 날쌔게 몸을 놀렸다. 아프리카 펭귄을 보니 귀여웠다. 러시아 흰고래는 강아지를 닮은 순한 얼굴로 눈을 깜박이며 우리를 구경하고 있었다. 아담한 체구의 물범은 물고기를 잡아먹고 물속에서 20분 정도 머문다고 한다. 두 번째 구역은 정글을 옮겨 놓은 것 같은 착각에 빠지게 한다. 수명이 100년 가까이 된다는 키다리게의 다리를 펼치면 3.8m다. 2만 마리 정어리 떼의 환상적인 모습도 일품이다. 수조가 6천 톤 규모로 국내 최대라는데 바다생태관, 동물관. 체험관으로 구성되어 있다. 실제 바닷속 세계를 생생하게 느낄 수 있었다. 우리가 해양동물을 관람하듯 그들도 다양한 바다 밖의 인간세계를 구경했을 것이다. 이렇게 산과 바다가 그 속에서 살아가는 동물과 식물이 어울려 아름다운 지구를 만들지 않을까 생각되었다.

지자체관에는 자치단체의 특산품과 관광지를 소개하고 있었다. 해양문화와 역사, 바다에서 얻을 수 있는 해양기술에 대한 여러 가지가 전시되어 있었다. 기업관에는 독립기업관을 만들어 최고의 기술력을 선보이고 있었다. 국제관은 남해안 다도해의 섬과 물결을 형상화하여 꾸며 놓았는데 아시아 및 유럽 쪽 참가국들이 주체적으로 준비해 특색 있는 전시가 되고 있었다. 기후 환경관은 기후변화로 인한 지구의 위기를 주목하여 연출했다. 남극의 강풍을 체험하고 온난화에 가장 민감한 북극의 빙하를 통해 기후 변화의 심각성을 느끼게 했다. 바다가 지구의 이산화탄소를 흡수해 기후를 조절하는 구실을 한다며 바다를 병들게 하면 지구에 파멸이 올 수 있다는 메시지였다.

주제관은 엑스포의 주제를 묶어서 전달하는 공간인데 세계 최초로 바다에 건설한 해상전시관이다. 첫 번째로 인류가 깨닫지 못한 바다의 가치와 가능성에 대한 이해를 했다. 아름다운 지구표면의 71%를 차지하고, 지구생물의 90%가 살고 있는 바다는 산소의 75%를 만들고 있단다. 몇 억 년 전에 지구는 온통 바다였다고 한다. 화산 폭발로 바닷속이

산으로 변했구나 짐작이 갔다. 높은 산과 깊은 바닷물이 있기에 공존하는 것이니 해양생물과 인류는 많은 이해가 필요하다. 두 번째로 사라져 가는 바다의 가치와 위협 받는 바다를 생각하고 그 바다의 소중함을 일깨워 주었다. 물은 높은 데서 낮은 곳으로 흐른다는 원리를 생각하며 우리들의 주방세제부터 폐수에 관심을 가져야 되는 이유를 알 수 있었다. 세 번째로 바다와 인류의 행복한 비전을 상상하는 것이다.

여기에서 말하는 포유류 듀공이 나온다. 사람과 의사소통이 가능해 인기를 끄는 남태평양에서 멸종위기종의 대표로 참여한 게 듀공이다.

"너는 어디서 왔니?"
"무주에서 왔어."
"응~ 멀리서 왔구나."
"넌 누구니?"
"난 듀공이야."

듀공 소년이야말로 여수세계박람회 주제관에 등장하는 주인공이다. 멸종위기의 듀공과 우정을 나누며 환경의 소중함을 일깨우는 역할을 했다. 오염된 바다가 듀공 소년의 노력으로 정화되는 과정을 담은 영상이 펼쳐졌다.

상영관 천정에서 로봇 '듀공'이 천천히 내려오면 무대 아래에서는 '듀공 소년'이 무대에 오른다. 듀공은 오염된 바다를 되살려낸 '듀공 소년'에게 감사의 인사를 전하고, 생명의 바다로 나가는 듀공과 소년의 이별 장면은 주제관 공연의 핵심이다. 듀공 소년은 여수중앙초 6학년 김용태 군인데 귀여운 그 소년의 목소리가 지금도 내 귓가를 맴돌고 있다.

나는 조합직원과 한 번, 일심회 친구들과 승용차로 두 번 여수엑스포를 찾았었다. 지금도 "사람들이 바다에 쓰레기를 버리지 말고, 물고기를 잡지 않았으면 좋겠어요!" 라는 듀공 소년의 정겨운 목소리가 지금도 들리는 듯하다.

마이산 탑사

어디든지 떠나고 싶은 4월 셋째 주말이다. 둘째 사위와 딸들을 데리고 마이산을 가자고 아내는 서둘렀다. 큰딸의 손자 종훈이 육아에 지친 몸을 풀고 싶은 것 같다. 소양에서 모래재 터널 쪽으로 차머리를 돌려 벚꽃과 어우러진 봄꽃을 보며 마령 쪽으로 갔다. 산과 들은 꽃의 향연이다. 남부마이산 쪽으로 향해 입구에 가니 주차 차량들이 줄을 서고 있다.

벚꽃마을 입구로 들어서니 흐드러지게 핀 꽃이 하얗게 지붕을 만들고 있다. 가게 앞엔 파란 불, 빨간 불 노란 등불을 켜고 오가는 길손을 유혹한다. 약초 파는 곳을 지난다. 겨우살이의 효능이라고 붙여놓고 비닐봉지에 담아진 겨우살이를 파란 바구니에 담아 놓았다. 겨우살이는 겨울철 참나무에 매달려 녹색을 띠고 덩굴처럼 기생하는 약초다. 독이 없고 모든 사람의 체질에 맞으며 신진대사를 원활하게 하며 통증을 멈추게 한다. 어떤 암환자든지 안심하고 복용할 수 있다. 민간요법으로 달여서 먹고 암 치료에 도움을 받은 바 있다고 한다. 혈압에 도움을 주며 신경통에는 겨우살이를 독한 술에 담가 두었다가 1년 뒤에 마시면 된다니 참 좋은 약초다. 몸을 따뜻하게 하는 효과가 있어 오래 먹으면 눈이 밝아지고 이가 튼튼해지며 머리카락이 빠지지 않는다니 만능약이라고 홍보를 한다.

조금 위쪽으로 오르다 보니 해물파전, 도토리묵, 산더덕구이, 참나무장작돼지갈비구이 옆에 메추리 구이가 노릇노릇 코를 자극한다. 하얀 플라스틱 병에 검정 마개로 옥수수

막걸리가 줄지어 서있다. 숲에서 피어나는 연기를 그저 내저으며 도토리묵을 장에 찍어먹는 모습은 봄꽃 놀이의 일품이다.

길 오른쪽으로 낮은 물막이 댐에 고인 물이 물받이를 타고 내린다. 늘어진 벚나무 가지에 달린 꽃들이 바람에 춤추니 물결에 비친다. 부부로 보인 남녀가 메고 가던 배낭을 보막이 둑 마루에 걸쳐놓고 무슨 이야기를 나누고 있다. 건너 전나무 잎의 푸른빛과 서나무 휘어진 허리 물그림자가 출렁인다.

연못 가운데 자리한 금당사 석탑은 오층탑이었던 것으로 보인다. 임진왜란과 병자호란 때 크게 파손된 것을 이 자리로 옮겼다고 한다. 금당사 괘불탱 그림은 넓은 천 가운데 커다란 관세음 보살을 두고 있다. 야외에서 큰 불교 행사가 있을 때 걸어두고 예배 드렸던 그림이다. 가뭄이 들 때는 탱화를 걸어놓고 기우제를 지내면 비가 내렸다고 한다.

다음은 넓은 저수지가 눈앞에 나타난다. 암마이봉과 숫마

이봉의 귀가 보이고 흰 벚꽃 터널과 파란색 지붕의 찻집에서 오리배가 헤엄쳐 오니 지난해 마른 갈대가 머리를 숙이고 끄덕인다. 오리배 탄 소녀들은 열심히 스마트폰에 빠져있으니 산과 벚나무 물이 어울어지고 오리배 속에 긴 머리 소녀가 물에 비친다.

마이산의 석탑은 이갑룡 처사가 1885년에 입산하여 솔잎 등으로 생식하며 30년에 걸쳐 쌓았다고 한다. 탑을 쌓을 때 주변의 천연석으로 쌓았지만 천지탑 등의 중요한 탑들은 팔도의 명산에서 수집한 돌들이 한두 개씩 들어가 심묘한 정기를 담고 있다. 가공되지 않은 천연석을 이용하여 조형 양식으로 정성과 솜씨가 돋보인다. 탑군을 이루는 탑 중에 천지탑 등은 바람에도 조금 흔들릴 뿐 무너지지 않는 경이로움을 느낄 수 있다. 특히 겨울철에 탑 꼭대기에 물 한 사발을 떠놓고 지극 정성으로 기도하면 거꾸로 고드름이 하늘을 향해 크는 묘한 현상이 있다고 한다. 그러나 최초에는 120기의 탑들이 지금은 80기만 남아 있다고 하니 긴 세월 속에 변화를 맞이하였으리라 짐작이 된다. 대웅전 넘어 탑사 왼편으로 보이는 벚꽃이 미처 잎이 피지 못한 나무들을 바쁘게 재촉한다. 탑에는 절대로 손을 대지 말라는 탑사주지의 경고문 옆에 작은 물레방아가 돌아가는 사이에 약수가 흐르고 있다. 파란 바가지가 기암의 바위에 놓여 있어 물을 떠서 삼키니 가슴에 냉기가 목부터 가슴으로 흘러가는 것이 보이는 것 같다. 탑사에서 남쪽 방향으로 마이산을 바라다보면 사람 키 네 길 정도의 웅덩이가 파인 홈이 보이는데 그곳은 사람의 힘으로 도저히 오를 수 없는 곳에 두 무더기 돌탑이 안에 안치되어 있다. 저곳은 어떻게 올라가 쌓았을까 생각해 보니 답이 안 나오는데 인간의 무한한 능력이 경이롭게 느껴진다. 꽃과 사람들이 탑사와 어울려 봄날을 행복하게 하는 하루였다.

물가두기 사방댐

더위가 기승을 부리는 대서 절기에 포장된 도로는 아지랑이 피어오르듯 이글거린다. 남원에서 장수 쪽으로 올라가다 보면 삼거리가 나온다. 요천 삼거리는 운봉 인월과 지리산으로 가는 세거리 길목이자 함양 쪽이다. 이곳에는 민물고기 식당들이 많아 성업 중이기도 하다. 조금 위로 올라가면 우람한 적송 사이로 서부지방산림청이 숲과 더불어 녹색복지국가를 구현하겠다는 목표로 자리 잡고 있다.

벚나무 숲 밑 둥근 옥향나무 군락을 올라가다보면 건물이 담쟁이 덩굴로 완전히 덮여 있다. 국도를 따라 오다 아름드리 느티나무 숲으로 목동마을 입구가 있다. 간이 정류장을 유리칸막이로 지어놓은 뒤로 파란색 함석집 지붕이 더운 열기를 잘 견디고 있다. 이쪽으로 들어가면 2010년에 신축한 물가두기 사방댐이 있다.

마을 입구로 들어서면 게이트볼 구장과 마을 회관이 있다. 당시 댐을 신축하고자 주민들의 동의를 얻으려고 좌담회를 주관했을 때였다. 일부는 위에 댐을 시설하면 마을을 가로 지르는 냇물이 고갈될 것이라는 우려와 둑이 터지면 마을이 위태로울 것이라고 반대하는 사람들도 있었다. 그러나 이 마을 뒷산이 산불로 많은 소나무를 태워버려 송이 생산지가 황폐화 되었다. 그때 산불을 끄기 위해 헬리콥터는 출동했으나 물을 뜨지 못해 발을 동동 구르던 상황을 상기시키며 설득했던 때가 생각난다.

마을을 지나 다랑이논과 참깨밭을 지나 합수되는 지점을

지나니, 집채만 한 바위에 '부안김씨묘동'이라 음각하고 빨간색으로 표시된 것을 보니 종중산 같았다. '물가두기 사방댐'이라고 쓴 자연석이 보인다. 이곳은 남원시 산동면 목동리 153번지 일원에 조성되었다. 댐 둑의 길이가 56m이고 댐 둑의 높이는 10m로 콘크리트 비탈식으로 조성되었다. 담수량이 14,072m3이며 모래나 토사를 담을 수 있는 량이 17,412m3이니 일반 사방댐의 5배 정도다.

이 물가두기 사방댐은 산불진화를 위한 취수원 으로서 대형 산불을 사전에 막을 수 있다. 사방댐 물 가두는 힘을 높여 가뭄에 쓸 수 있는 물 공급이 원활하다. 산사태로 인한 돌과 흙, 나뭇가지 등을 막아 산림의 재해를 미리 예방하는 기능을 가진다. 둑에 올라 수면을 바라보니 산 능선의 나무가 선명하게 비치고, 둥실 뜬 구름이 비치니 맑은 물이 더 파랗게 보인다. 두 손으로 한 움큼 떠서 마셔도 될 것 같은 청량수다. 폭우가 오면 물을 담고 비가 오지 않으면 주민들의 생활용수로 활용된다. 본체를 제외한 표면을 흙으로 덮고 풀씨를 뿌려 친환경적으로 만들어졌다. 댐 주위 소나무가 붉은 수피를 자랑하고 있으며, 빈자리에는 편백나무를 심어 키가 사람보다 더 크니 장관이다. 몇 년 뒤 나무에서 피톤치드 생산량이 높아지면 깨끗한 물과 우람한 나무가 배출하는 면역력이 증강될 것이고, 공기로 심호흡을 하면 심신이 건강해지는 쉼터가 되리라 믿는다.

이 사방댐은 돌 · 자갈 · 모래 등 무너뜨리는 물질을 억제하기 위하여 골막이 등을 설치하는 작업도 함께 할 수 있다. 치산댐 이라고 보는 이것이 산불진화 취수용, 농업용수 공급원등으로 활용할 수 있다. 시공 장소로 암반이 드러나 있는 곳이 튼튼하게 자리 잡을 수 있다. 이곳이 산사태 발생이 우려되는 지역으로 모래가 모이며 물이 저장되는 목적으로 세워진 곳이다. 친환경적으로 세워진 물가두기 댐에 주위의 경제적 가치가 있는 산림이 함께 어울려졌다. 이런 상황이면 각박한 도시민의 심신을 안정시키는 구조물이 되었다. 땅으로부터 증발된 수증기는 대기의 일부가 되고 대기 중의

습기는 결국 땅바닥이나 바다로 떨어진다. 수증기는 대기 중에 들어가 구름이 되고 구름은 비나 눈이 되어 지표로 되돌아오면 물가두기 댐에 모여진다. 저수된 물은 여러 가지 용도로 사용되는 효과가 있어 잔잔하게 움직이는 수면을 바라보니 마음이 뿌듯하다.

나무골마을은 이 댐 하나로 물의 효용 가치를 충분이 느낄 수 있다. 마을 가운데로 흐르는 물은 가뭄과 장마를 두려워하지 않고 항상 졸졸 거리며 내려간다. 마을 가운데 정자가 하나 있어 그곳에 앉아 있노라면 맑은 물이 정자 주위를 감싸고 돌아간다. 단청이 퇴색되어 옅은 색깔이라도 오랜 세월을 이겨 나온 기왓장의 무게로 위엄을 준다. 검은색 바탕에 흰색 글씨로 써진 싯귀절을 띄엄띄엄 읽어 내려가면 삼복의 더위도 이길 수 있다.

중국 보봉호와 수경

올해가 신묘년 토끼해다. 계절로 망종 절기이니 풍속으로는 보리타작이 끝나는 대로 모내기를 해야 하는 절기다. 일심회 친구 가족들과 중국 장가계 여행을 떠났다. 전주에서 출발하여 전남 무안공항에서 점심을 먹고 여객기에 올라 중국 상해 포동공항에 착륙했다. 우리 일행은 장가계 호텔에 여장을 풀었다. 작년 병마와 싸우다가 겨우 회복한 상태인 아내가 고소공포증으로 비행기를 못 탄다는 것을 겨우 설득

하여 출발한 여행이다.

백 년을 살아도 장가계를 못 보면 헛살았다는 이야기를 하니 기대할 만하다. 먼저 무릉원의 보봉호를 보려고 올라갔다. 입구 매표소에 들어서니 산들이 죽순처럼 솟아 오르고 천혜의 암반들이 예사롭지 않았다. 보봉호풍경구라는 간판이 중국식 기와지붕과 어울려 보기 좋았다.

자연호수보다 아름다운 인공호수에서 떨어지는 물줄기가 눈을 떼지 못하게 쏟아지고 있었다. 그 옆으로 넘실거리는 대나무 숲이 고개를 갸우뚱하게 서서 우리에게 반갑게 인사를 건넨다. 조금 오르다 보니 포장도로가 나오는데 오른쪽으로 사람이 가도록 인도가 조성되었고 왼쪽은 차도나 인력거 도로로 사용하고 있었다. 대나무로 만든 가마에 두 사람이 지키고 서서 "2만 원! 2만 원! 타세요."라며 손님을 끌었다. 다리 아픈 사람들은 2만 원으로 알고 타다가 코를 다칠 수가 있단다. 2만 원을 두 번 불렀으니 4만 원을 내라는 묘한 계산법으로 돈을 벌기도 한다는 것이었다.

인력거도 그나마 차라고 좌측으로 가면서 호객행위를 하는 걸 보며 걷다보니 보봉사의 종각이 보였다. 다시 왼쪽으로 계단을 따라 올라갔다. 주위의 돌이나 초본들은 우리 시골 동네에서 보던 그것들이었다. 그래서 중국이나 우리나라도 자연의 나라임에는 틀림없었다. 그래서 세계문화유산으로 유네스코에 등록되었다.

30여 분 동안 좁은 길을 한참 걸어 올라가니 눈앞에 아담한 호수가 펼쳐졌다. 그리고 그 호수 중심에 솟아 오른 섬, 또 호수주변으로 솟아 오른 기암괴석들. 크고 밋밋한 호수 등 눈에 익은 정경은 무릉도원 바로 그것이었다. 눈앞에 펼쳐지는 비췻빛 보봉호 호수가 그림 같은 병풍 속에 잔잔하게 일렁이고 있었다.

보봉호는 댐을 쌓아 만든 인공호수로 수력발전과 양어장으로 사용하다 말레이시아 상인이 투자하여 관광지로 개발하였단다. 해발 430m에 있는 산정호수로 평균 물 깊이가 72m며 폭이 가장 넓은 곳은 150m다. 길이가 2.5km가 되니 긴 호수로 넓고 길고 깊다. 조그만 유람선을 운행하는 선착장에는 기다리는 관광객들로 줄서기가 한창이었다.

우리도 열여섯 명이니 가이드가 한배로 몰아주고 일부 다른 사람들로 채워 출발했다. 동행하는 사진기자 아가씨와 유람선 안내자의 설명을 들으며 갔다. 선녀바위도 보여주고 두꺼비 바위도 보여줬다. 두꺼비가 입을 떡 벌리고 있는 큰 돌산이었다. 8월 보름께 그곳으로 달이 넘어갈 때는 두꺼비가 달을 잡아먹는 형상이어서 장관이란다. 촛대바위는 촛불이 타지 않고 바위 꼭대기에서 소나무가 자라고 있었다. 그러면 바위에서 나무는 어떻게 살까? 나무뿌리는 돌을 산화시켜 영양을 섭취하며 살아간다. 그러면서 호수를 굽어보며 강하게 긴 세월을 지낸다.

우리가 탄 배가 지나가니 산 쪽에 집 같은 작은 뱃머리에 이곳 원주민인 예쁘게 생긴 토가족 아가씨가 나와서 노래를 불러주었다. 카랑카랑한 목소리로 노래를 부르는 토가족에게는 연애법이 있으니 서로 노래를 3번 주고 받으면 약혼을 할 수 있단다. 빨간 저고리에 남색치마에 줄무늬의 파란색 앞치마 차림의 토가족 아가씨가 참 예뻤다.

아름다운 호수와 그윽한 주위 환경은 수경중의 대표작으로 꼽힌다. 호수 안에는 작은 섬이 있고, 바깥쪽으로는 기이한 봉우리들이 들어서 있으며, 봉우리는 물을 감싸고 있어서 위에서 내려다보면 마치 산속에 비취 알맹이가 있는 것 같은 느낌을 주었다. 이렇게 얼마 동안 가다보면 물가의 오두막집에서 청년이 뛰어나와 유람객들을 향해 노래를 불러 준다. 산정호수의 토가족 아가씨와 오두막집 청년의 노랫소리를 듣고 가는 것은 우리나라 한양 가는 길목 재 너머 주막집을 생각나게 했다.

유람을 끝내고 차량이 있는 곳으로 이동하려면 경사진 계단을 걸어 내려갔다. 아름다운 호수를 돌아 까마득한 절벽 위의 정자를 거쳐 산을 내려오는 길도 운치 있고 스릴이 있었다. 여행자들의 감탄사가 물안개처럼 피어오르고 있었다.

봉우리에 있는 보배 같은 호수라고 풀어보면 보봉호라 할 수 있다. 이것이 유명한 것은 매우 높은 곳에 위치한 호수라는데, 이것은 자연이 만들어 놓은 것에 인간이 갈고 닦아 빛은 것이다. 중국의 돌산을 받침 하나 바꾸면 돈산으로 되는 기묘한 작품이었다. 이번 여행은 즐겁고 보람이 있는 나들이였다.

3부

쪽 찐 머리

청령포淸怜浦와 단종

청령포는 조선왕조 제6대 임금인 단종이 1457년 세조3년에 노산군으로 강봉되어 처음으로 유배되었던 곳이다. 삼면이 깊은 강물로 둘러 싸여 있고 한쪽은 험준한 절벽으로 막혀 있어서, 배로 강을 건너지 않으면 밖으로 나갈 수 없는 유배지로 적합한 곳이다. 단종은 1457년 6월 28일부터 두 달 동안 이곳에서 유배 생활을 하다가, 그해 여름에 홍수로 청령포가 범람하여 영월읍 영흥리에 있는 관풍헌으로 옮겨서 유배 생활을 하였다. 1726년 영조2년에는 단종의 유배지를 보호하기 위하여 일반인의 출입을 금하는 금표비를 세웠고 1763년 영조39년 9월에는 영조가 친필로 '단묘재본부시유지端廟在本府時遺址'라는 비문을 써서 단종이 살던 집터에 비를 세우고 비각을 건립하였다. 2000년 4월에는 단종이 거처하던 곳에 정면 5칸, 측면2칸 반 규모의 겹처마에 팔작지붕 형식으로 기와집을 복원하였고, 부속 건물로 정면 5칸 측면 1칸 반의 규모로 홑처마에 우진각 지붕 형식의 초가집을 건립하였다. 단종어소는 ≪승정원일기≫의 기록에 따라 기와집으로 그 당시의 모습을 재현했다. 어소에는 당시 단종이 머물던 본채와 궁녀 및 관노들이 기거하던 행랑채가 있으며 인형으로 당시의 모습을 보여주고 있다. 어소 담장 안에 단묘재본부시유지가 위치해 있다. 관음송 청령포 수림지에 위치하고 있는 소나무로 단종 유배시의 설화를 간직하고 있으며 1988년 천연기념물 제349호로 지정되었다. 단종이 유배생활을 할 때 두 갈래로 갈라진 이 소나무에 걸터앉아 쉬었다는 전설이 있다 또한 단종의 유배 당시 모습을 보았으며觀 때로는 오열하는 소리를 들었다는音 뜻에서 관음송觀音松이라 불리어 왔다. 소나무 크기는 높이 30m 둘레 5m로 지상에서 두 갈래로 갈라져 동서로 비스듬이 자랐다. 수령은 600년으로 추정하고 있는데, 이는 단종 유배시의 수령을 60년으로 계산한 것이다. 우리는 점심을 찐 찰밥과 김치와 국은 맛있게 낸 육수에 명태와 홍합 넣은 것이 맛있다. 청령포를 가려고 표를 끊어 강 나루터로 이동하였다. 겹으로 싸인 산이 푸른 녹음으로 짙다. 강물에 비친 산과 구름 뜬 파란 하늘이 흰색 지붕의 평면 배와 붉은색의 나룻배를 안고 있다. 그 옆에 여섯 개의 기둥으로 세워진 천막형 8평 정도의 작은 나룻터 여객 터미널. 층계 계단을 한 계단씩 내려가면서 단종 유배지 체험을 한다. 우리 일행은 둘러싸인 강물을 서쪽에서 내려가며 동쪽으로 감아도는 물줄기를 보며 한 바퀴 돌려나 두바퀴 돌려나 혼자 생각하며 조용히 배에 승선하고 배 의자를 꼭 잡고 강물만 물끄러미 바라보고 있었다. 엔진

소리에 의하여 배가 밀리며 이동하였다. 눈에 보이는 강 길이는 몇 백 미터 되고 강폭은 사오십 미터 밖에 안 되었다. 출항 한지 5분 정도 되자 엔진이 정지되며 반대편 강폭에 정박하니 사람들이 서로 바라보며 "엑!" 하는 것이다. 손님들의 속마음은 강을 한 바퀴 돌아 주려나 생각 했던 것이다. 우리는 배에서 내려 자갈길을 걸어 단종 유배지로 발걸음을 옮겼다. 가는 길목에는 거북 등 같은 적송이 키를 자랑하듯 우뚝우뚝 솟아있다. 흙담 위에 기왓장 담 지붕을 하고 들어가는 입구에 장광의 장단지가 크고 작은 조화를 이루고 있다. 소나무 사이로 큰 기와지붕의 청령포가 보인다. 단종어소端宗御所 는 ≪승정원일기≫의 기록에 따라 기와집으로 그 당시의 모습을 재현하였다. 어소에는 당시 단종이 머물던 본채와 군녀 및 관노들이 기거했던 행랑채가 있으며 인형으로 당시의 모습을 보여 주고 있다. 어소 담장 안에 단종유지비각端宗遺址碑閣이 위치해 있다. 망향탑은 청령포 서쪽 절벽인 육육봉六六峰 사이에 있는 돌탑으로 어린 단종이 청령포에서 유배 생활을 할 때 이곳에 올라 한양 땅을 그리며 쌓았다는 탑으로 그 당시 애절했던 단종의 심정을 헤아릴 수 있다. 큰 돌 사이에 작은 돌 조약돌까지 어우러졌고 주위에 망초대와 쑥대가 애절함을 더해준다. 노산대는 단종이 상왕에서 노산군으로 강봉되어 청령포로 유배된 후 해 질 무렵 한양을 바라보며 시름에 잠겼던 곳이므로 노산대라 부르고 있다. 금표비禁標碑는 단종께서 1457년 노산군으로 강봉,유배되어 계시던 청령포를 일반 백성들의 출입과 행동을 제한하기 위하여 영조英祖2년 (1726)에 세운 비석이다. 뒷면에 "동서 삼백척 남북 사백구십척 차후 니생역재당금숭정구십구년東西 三百尺 南北 四百九十尺 此後 泥生亦在當禁崇禎九十九年"이라 음각되어 있는데, 이 뜻은 동서로 300尺 남북으로 490尺과 이후에 진흙이 쌓여 생기는 곳도 또한 금지하는데 해당된다. 당시 단종에게도 이와 같은 제약이 있었을 것이라고 전해지고 있다. 제6대 임금 단종(1441-1457) 유배 생활 할 때 갈라진 관음송 단종은 자신을 보호하던 금성대군 한남군 등마저 수양대군에 의해 유배 보내져 누구의 도움도 받지 못하는 처지에 처해졌다 결국 경회루 아래에서 수양대군에게 어보를 건네고는 상왕이 되어 창덕궁으로 물러나고 수양대군은 근정전에서 조선 제7대 왕으로 즉위하였다. 사육신과 생육신은 1456년 세조2년에 숙부인 세조에게 억울하게 왕위를 빼앗긴 단종의 복위를 도모하다 처형되거나 자결로 충절을 지킨 충신들을 사육신이라 하고 세조 즉위 후 벼슬을 하지 않고 평생 단종을 위하여 절의를 지킨 신하를 생육신이라고 한다. 단종의 시신이 영월 동강에 버려진 것을 영월 호장 엄홍도가 거두어 선산인 위치에 암매장하였다. 1516년(중종 11) 폐허가 된 단종 묘를 찾아 봉분을 갖추고 1581년(선조 14) 상석 표석 장명등 망주석을 세웠다. 1681년 (숙종7) 노산대군으로 추봉되고 1698년 (숙종24) 신위를 종묘에 모심과 동시에 묘호를 단종, 능호를 장릉으로 하였다. 그리하여 200년의 세월의 예를 갖추었다. 조선왕릉은 519년 동안 27대에 걸쳐 조선을 통치한 왕과 왕비의 무덤이다. 2009년 6월 27일

조선왕릉 42기 중에 북한에 있는 2기를 제외한 40기가 유네스코 세계유산으로 등재되었다. 조선 왕릉은 서울 경기지역을 중심으로 조성되었는데 단종 왕릉만이 유일하게 강원도에 위치하고 있다. 또한 연산군, 광해군과 달리 단종만이 유일하게 복원되어 왕릉으로 조성 되었다.어느 왕릉에도 없는 장판옥과 배식단이 세워져 단종을 위해 목숨을 바친 이들에 대한 위패를 모시고 제향을 올리고 있다. 단종 장릉은 충절과 의리를 중시하는 유교 윤리가 오늘날까지 우리 가까이에서 살아 숨쉬는 소중한 문화 유산이다. 장릉莊陵의 유래. 조선왕조 제6대 임금 단종대왕의 능이다. 세조2년(1456) 집현전 학자 성삼문, 박팽년 등이 상왕복위사건으로 참형을 당하였으며, 다음해 6월 21일 단종은 상왕에서 노산군으로 강봉되었고 그 다음날 영월 청령포로 유배되었으며 그곳에서 2개월 남짓 기거하시던 중 홍수로 인하여 관풍헌으로 옮겨졌다. 세조3년(1457) 여섯째 삼촌 금성대군의 단종복위 계책이 발각되어 노산군은 폐서인이 되었고 그해 10월 24일 줄

줄이 죽게 되었는데 그때 춘추 17세였다. 단종의 유해가 동강에 흘렀는데 영월호장 엄홍도가 옳은 일을 하다가 화를 입는 것은 달게 받겠다는 충정으로 옥체를 수습하여 현재 자리에 밀장하였다. 중종11년 (1516) 노산묘를 찾으라는 왕명이 있었고 중종36년 당시 영월군수 박충원의 현몽에 따라 노산묘를 찾고 수축봉제하였다. 숙종24년에 추복하여 묘호를 단종으로하고 능호를 장릉이라 하였다. 단종이 승하하신지 241년에 왕실의 정례를 되찾게 되었다. 능상의 석물들은 추복릉의 전례에 따라 후릉의 예를 본받아 행하라는 교지에 의하여 봉분 주위에 석호와 석양이 각각 1쌍씩 있으며 봉분 앞에는 상석과 사각옥형의 장명등이 있으며 능 양쪽에는 망주석 2기와 석마 1쌍이 있다.

업체 설명단종의 유배지로 삼면이 강으로 둘러싸여 있고 서쪽은 험준한 암벽이 솟아 있는 마치 섬과도 같은 곳이다. 단종의 유배처를 중심으로 주위에 수백년생의 거송들이 울창한 송림을 이루고 있다. 특히 천연기념물인 관음송은 단종이 걸터앉아 말벗을 삼았다고 해서 불리어진 이름이며 수령이 600여 년 된 우리나라에서 가장 오래된 소나무이다.

쪽 찐 머리

친구 아들의 결혼식에 참석하려고 고향 부모님이 사시는 집에서 잤다. 요즘 서울이나 수도권에서 행사를 치르려면 관광버스를 빌리고 음식을 마련하여 친지와 하객들을 모시는 것이 보통이다. 서울까지 가야 되니 일찍 출발해야 한다. 아래쪽에서 빨간색 버스가 양쪽 방향지시등을 깜박거리면서 올라오는 것을 보니 타고 갈 하객을 부르는 게 틀림없었다. 차에 오르니 사람들의 시선이 집중되었다. 머리를 숙여

인사를 하고 차 중간 창 쪽에 자리 잡았다. 차가 출발하자마자 아주머니 한 분이 떡과 닭튀김, 바나나, 귤, 땅콩 등이 들어 있는 비닐 봉지를 하나 주었다. 이것이 요즘 시골의 결혼풍속도가 되어 버렸다.

얼마나 달렸을까? 버스가 쉬고 몇 사람이 타는데 뒤에서 "저 사람이 누구야?" 하고 깜짝 놀라는 것이었다. 모자를 쓰고 옅은 색안경에 하얀 수염이 수북하게 올라오니 못 알아본 모양이었다. 한 마을에 살다가 소재지로 나가 사는 사람이었다. 그는 젊어서 기타도 잘치고, 노래도 잘 부르며, 수염도 깨끗이 깎고 다녔었다. 그런데 모습이 달라진 것이다.

사람을 변화시키는 데는 수염과 머리가 많은 영향을 준다. 그래서 남자나 여자의 머리 모습이 변하면 그 사람의 마음의 변화가 있는지 의심해 보는 게 보통이다. 이유인즉 머리는 자꾸 빠지고, 턱수염은 잘 자라다 보니 귀찮아서 기르고 모자로 가려 보는 것이다.

우리 어머니의 머리는 지금도 쪽 찐 머리다. 새마을운동을 하던 무렵 파마머리를 권유해도 시집올 때부터 있던 그대로 쪽 찐 머리를 고수하고 있다. 마을 아주머니들이 뽀글뽀글 볶아 주려고 애를 써본 때도 있었지만 쪽 찐 머리를 지키고 있는 것이다. 쪽 찐 머리는 깔끔하게 빗어 넘기고 한복을 입어야 하는 격식을 갖춘 모습이다.

모임이나 비즈니스 미팅, 파티 등에 어울리는 단아한 머리 모습이다. 그 모습을 지키기는 어려울 것이다. 바쁜 아침이나 머리를 감지 못한 상황을 해결할 수 있는 유용한 경우도 있다. 가운데로 가르마를 타게 되면 깔끔하고 우아한 여성미를 느낄 수가 있다. 동생들이 어머니께 파마머리를 하면 어떻겠느냐고 여쭈어 보았지만 이제는 늦었다며 거절하셨다.

우리나라 미혼여성의 머리는 미혼남자와 마찬가지로 묶은 머리나 땋은 머리를 하고, 기혼일 때는 쪽 찐 머리나 얹은 머리를 주로 하였다. 쪽 찐 머리는 머리를 뒤통수에 낮게 트는 머리 모양이다. 이것은 고구려 고분벽화에서 볼 수 있는 기혼녀의 머리 모양이다. 얹은머리와 함께 우리나라 기혼녀의 기본형이 되었다. 고려시대에는 얹은머리, 쪽 찐 머리, 기명머리, 땋은 머리, 묶은 중발머리, 쌍쌍투를 하였다. 조선시대 결혼한 여자는 얹은머리나 쪽 찐 머리를 하였고, 미혼녀는 땋은 머리, 묶은 중발머리 등을 하였다.

쪽 찐 머리로 남과 다른 머리 모습을 하신 우리 어머니에겐 이런 일화가 있다. 명절이 돌아올 때 살구나무 밑 확독 옆에서 적을 부치고 있었단다. 전형적인 한국여인의 모습이라며 사진을 찍는 사람이 있었다. 그 사진사는 가면서 5천원짜리 한 장을 주고 갔었다. 그 뒤 그 사진이 초등학교 교과서에 실려 있었다. 또 이끼 낀 돌담 옆 지붕 위로 저녁 연기가 모락 모락 피어나는데 가을걷이를 하는 여인의 모습으로 JTV전주방송에 나온 적이 있었다. 그것을 본 누나가 전화를 해서 알았다고 한다.

아버지 팔순잔치 때의 일이다. 우리 집에서 저녁식사를 하자며 남매들과 조카들을 전주로 초청했다. 모이기 어려우니 가족사진을 찍자고 하여 전북대학교 사대부고 네거리 사진관에서 흰색 옷을 입고 촬영하여 사진을 한 장씩 전해 주었다. 이색적인 사진이어서 그랬는지 사진관에 전시해 놓았다. 요즘 사거리에서 신호대기 중일 때 우리 가족사진을 보면 쪽진 머리의 어머니를 볼 수가 있다.

파마머리 한 번 못하고 열아홉 살에 부안 김가 외아들인 어버지 에게 시집을 오셨고 쪽 찐 머리 아줌마인 남동댁이란 택호로 팔순을 바라보며 살고 계신다. 방아실거리 논에 무농약으로 농사를 지어 방에 쌓아두고 쌀이 없는지 전화를 한 뒤 방아를 찌어서 보내 주신다. 무와 배추, 고추, 쑥갓, 고수 등을 봉지봉지 싸서 손자손녀 보고픈 마음을 담아 택배로 보내주신다. 고된 농사일로 허리가 펴지지 않아 한숨이 나올 테지만 이제 증손자가 나오면 4대 가족사진을 찍자며 고향마을 언덕도 가볍게 넘으신다.

어머니는 새댁 때부터 새벽마다 정갈하게 빗은 쪽진 머리에 은비녀를 꽂고 물을 길어다 부뚜막에 정화수를 떠 놓고 가족들의 무병장수를 비셨다. 아주머니 때는 군대 간 아들이 무고하도록 빌고 할머니 때는 군대 간 손자의 무탈을 비셨다. 쪽 찐 머리의 우리 어머니가 무척이나 존경스럽다.

거칠고 주름진 어머니의 손을 잡아본다. 삶의 목표를 자식들의 건강과 성공에 두고 사셨다. 평생 근면과 성실로 사신 어머니 덕에 지금의 내가 이 자리에 있을 것이다. 쪽 찐 머리에 은비녀를 꽂은 어머니의 뒷모습을 바라보며 나는 오늘도 행복한 미소를 짓는다.

수용정 정자에 앉아

목동마을에 들어서니 충경당이 있다. 깔끔하게 황토색 벽돌로 개조하여 지붕을 칼라 강판 기와집 형으로 자리하고 있다. 흙담을 돌과 진흙으로 섞어서 단장 하였다. 대문은 사각형 전석으로 2개 세우고 꼭지 위에는 둥근형 바로 세우기 전등이며 파란 대문이 종대를 지키고 있다.

다음은 재간당이 있는 곳으로 자리를 옮겼다. 충경공의 차남인 김화金澕의 호이다. 그는 글을 잘하며 세속의 기질이 없었다고 한다. 어버이의 강력한 벼슬길을 명하였다. 서기 1603년 사마양시에 합격을 하였다. 그러나 뜻이 없이 그 어머니를 공경하더니 사후에 형제 간의 우애를 돈독히 하였다.

그 후 덕을 쌓은 행적으로 참봉의 새 관직을 임명받았다. 풍곡을 타고 흘러내리는 맑은 계곡 물이 기이한 돌과 괴석으로 어우러져 수려한 경관을 이루고 있다. 바위에 부딪히며 갈라져 내리는 물은 하얀 거품을 일으키며 맑고 깨끗한 소리를 낸다.

정자가 목조 건물로 되어 있고 바위 위에 소나무 그늘과 주변에 심어진 느티나무 녹음이 유난히 초록색이다. 절벽의 바위에 낀 이끼와 맑은 물소리는 나그네 봇짐을 내려놓고 모든 것을 잊고 싯 구절이라도 나올 듯하다.

서쪽 바위 벽 윗부분에 수용정水舂亭 이라고 글자가 새겨져 있다. 이는 흐르는 물이 세차게 찧을 정자라고 생각 해본다. 조정의 사대부들이 천거하여 군자감참봉을 새로 임명하였다고 한다. 나이 75세에 돌아가시니 고을 사람들이 다

한탄하며 말하기를 어진 사람이 죽었다고 그 슬픔을 애도하였다.

수용암 근처 수석이 빼어난 경관에 마음을 기울였다. 서너 겹으로 둘러쳐진 구름 낀 봉우리를 바라볼 수 있었다. 또 다른 석각으로 세이암洗耳岩이라고 똑똑히 새기고 가슴에 담았다는 것은 맑은 물에 귀를 씻으며 혼탁한 소리마저 거부했던 높고 기품이 있는 선비의 체취를 느낄 수 있다.

유몽인의 유람행로를 살펴보면 지리산 산행기에 행적을 보여주고 있다. 서기 1611년 3월 29일 남원부 관아에서 이곳 재간당을 거쳐 요천을 거슬러 올라 번암으로 올라갔다. 운봉 황산을 거쳐 인월로 가서 백장사에 숙박하는 내용이 있다. 요천蓼川은 섬진강의 지류들 중 하나로 남원시 중앙부를 지나 남서부 금지면에서 섬진강으로 흘러들어가는 하천이다. 주위에 여뀌꽃이 많이 핀다하 여 요천이라 했다.

김화가 남긴 시가 있다.

詩思冷如氷 시상의 맑기가 얼음과 같으니
淸歌笑與凝 맑은 노래도 웃음 속에 엄정하다.
秋風今夕醉 가을 바람에 오늘 저녁도 취하니
山月白層層 산 위의 달은 층층으로 밝구나.

옛날 문인들은 툭하면 벼슬을 그만두고 전원으로 돌아가기를 바라는 뜻으로 시와 시조를 읊었다. 시에서 그런 뜻을 읊었다 해도 실제 돌아가기를 좋아하거나 돌아간 사람은 그리 많지 않은 듯하다. 그런데 유몽인은 실제 시골에 내려가 살아본 적은 별로 없지만 진정으로 시골에 살기를 꿈꾸었던 것으로 보인다. 그의 글에서 보면 재간당에서 묵고 가기를 하고 사람들의 만나는 장소로 이용했던 것으로 보인다. 평소에 산과 바다를 유람하기를 즐겼다고 했으며, 오랜 벼슬살이에 지친 데다 늙고 병들자 유유자적하는 삶을 살고자 했다고 밝혔다. 남원에 부사로 부임하자 유람할 수 있는 기회로 여겼다. 그 뒤 여러 번 서신을 교환하며 재간당에서 만났던 것으로 보인다. 지금 보면 전면과 측면이 정방형이며 3m 3m 크기의 비교적 작고 아담한 구조이다. 옛날 정취가 나는 암벽과 암반에 맑게 흐르는 물소리를 담고 싶다. 소나무 느티나무들에게 흘러간 옛이야기를 묻고 싶고 나무골에서 내려오는 바람과 밤새우고 싶다.

큰돈 내고 시내버스를 탔더니

오늘이 절기 중 '대서'이니 가장 덥다는 날이다. 초복과 중복 사이 찜통 속에서 지내고 있다. 전주 시내가 잘 내려다 보이는 금암 도서관으로 갔다. 이 도서관은 1949년 도립 도서관으로 개관하여 1963년 시립도서관으로 바뀌었다. 건물은 중앙일보와 동양방송에서 기증받아 1980년 신축했다. 남쪽으로 내려다보면 기린봉에서 산이 뻗어 내려와 한국화 한 폭을 그려 놓은 것처럼 보인다. 아래쪽은 옛 전주의 모습인

기와집과 낮은 슬래브 집 사이 교회당 건물이 조화를 이루고 있다. 왼쪽으로는 새로운 아파트들이 높은 건물로 서 있어서 옛집과 새집의 차이를 보여주고 있다.

휴대폰이 호주머니 속에서 부르르 떨며 몸짓 언어로 나를 불렀다. 집에서 온 전화였다. 옮길 물건이 있으니 차를 가져오라는 아내의 전화였다. 아내를 목적지까지 태워주고 근처에 있는 카센터에 들러 에어컨과 브레이크 정비를 의뢰 하였더니 세 시간 뒤 찾아가라는 것이었다. 도서관에 다녀오려고 걸어가면서 마을 공원의 나무들을 구경하였다. 연분홍색 꽃을 매단 배롱나무가 무더운 여름을 이겨내고 있었다. 그 풍경 속에서 매미들은 큰 소리로 노래를 부르고 있었다. 한때 신문에서는 매미의 소음 때문에 잠을 못 잔다는 기사가 나기도 했었다. 그러나 매미는 애벌레로 땅속에서 7년을 보낸 뒤 허물을 벗고 날개를 달았으니 얼마나 기쁠 것인가. 짧은 생애를 살며 종족을 보존하고자 짝을 찾기 위해 그리 울어대니 이해할 만하지 않은가.

무더운 여름날인데도 걷다 보니 어느덧 버스 승강장에 이르렀다. 대개 차가 없으면 택시를 타기에 대중교통 이용률이 적은 편이다. 노선표를 보고 의자에 앉아 차를 기다리다 보니 건너편 승강장에 둥근 모자를 쓰고 지팡이를 든 할아버지 한 분이 계셨다. 어디를 가는 길일까. 딸네 집에 갈까. 아니면 경로회관을 찾아가는 것일까. 저 노인의 모습은 바로 얼마 뒤 나의 모습이기도 하다. 평균 수명이 길어지면서 노인 인구는 증가하고 젊은이는 줄어든다니 인구 정책도 어려운 것 같다.

이 생각 저 생각에 잠겨 있는데 기다리던 버스가 내 쪽으로 오더니 멈췄다. 차에 오르니 요금 통이 눈에 들어왔다. 호주머니에서 지갑을 꺼내 열어보니 달랑 만 원짜리 한 장만이 있어서 서슴없이 돈을 요금 통에 넣고 자리에 앉았다. 택시비 계산하듯 잔돈을 받을 생각으로.

"기사님, 만 원짜리를 통에 넣었는데요."

"왜, 만 원짜리를 넣었어요?"

“잔돈이 없어서요.”

“그러면 회사에 가서 받으세요.”

자주 버스를 타지 않아 준비가 안 된 탓이다.

버스회사가 어딘지 모를 뿐 아니라 잔돈을 받으러 가는 택시비가 더 들겠다 싶었다. 잔돈을 왜 못주며 회사까지 가라는 것이냐고 묻자 차속의 무인 카메라로 찍어 확인하는데 현금을 거래하는 것이 보이면 회사에 불려가서 소명을 해야 된다는 것이었다. 그 말을 들으니 그럴 수 있겠다 싶었다. 곁에서 안타깝게 지켜보던 어떤 할머니가 올라오는 사람들에게서 차비를 일러주었다. 그러면 되겠구나 생각하고 준비하는 사이 한 사람이 동전을 요금 통에 넣어 버렸다. 다음 올라오는 사람한테 차비를 나에게 달라고 했더니 교통카드를 사용하는 게 아닌가.

기자들이 어느 정치인에게 시내버스 요금이 얼마냐고 물었더니 80원이 아니냐고 대답 했다가 곤욕을 치른 생각이 났다. 사람은 사람사이에서 살아야 하는데 잘못 살았는지 부끄럽기도 하고 반성하는 마음도 들었다.

목적지기 다가오니 운전기사가 입을 열었다. 돈을 빼 먹는 기사를 감시하기 때문에 차비를 현금으로 받거나 내주는 것이 찍히면 다음날 불려가서 소명 절차가 복잡하다며 제안을 했다.

"내가 잔돈을 동전으로 드릴 테니 받으시겠소? 학생과 직장인의 출퇴근 시간에는 동전이 부족하여 어려우나 지금은 가능할 것 같습니다."

그리하여 동전을 열 개씩 아홉 번에 9천 원을 거슬러 받았다. 동전을 호주머니 속에 넣고 감사하게 생각하며 내렸다. 북부시장 국수집에서 콩국수 한 그릇을 먹었다. 식대를 동전으로 드린다는 양해를 받고 잘 먹고 나오는데 속도 모르는 매미는 큰 소리로 즐겁게 노래를 부르고 있었다.

길상사와 세 사람

하지 닷새 전인 토요일 말로 듣기만 했던 길상사에 도착하였다. 뱁새 우는 깊은 산골로 가서 나타샤와 살고 싶었던 미남 시인 백석의 향기를 느껴 보고 싶었다. 평생 백석을 그리워 했던 애칭 자야의 생애를 더듬어 보고 싶다. 천억 원의 재산을 기부했는데 아깝지 않느냐는 질문에 이렇게 대답했다고 한다. "천억 원이 그 사람 시 한 줄만 못해."라고 당당히 말했던 김영한의 생애가 궁금하였다. 무소유로 살아

온 법정 스님이 대원각을 시주 받아 길상사를 창건하여 절이 되었다. 맑고 향기롭게 라는 근본 도량을 찾아 가보려 한다.

길상사吉祥寺는 1987년 공덕주 길상화吉祥華 김영한님이 법정 스님의 ≪무소유≫를 접하시고 감동 받았다. 당시 음식점이던 대원각 대지 7000여 평과 지상건물 40여 동 등 부동산 전체를 청정한 불도량으로 기증 하고 싶어 했다. 그리하여 법정法頂 스님께 오랫동안 청하시어 1995년 스님께서 그 뜻을 받아들이게 되었다. 대한불교 조계종 송광사 말사로 등록하였다. 1997년 5월 대원각 부동산 일체의 등기를 완료하고 '길상사'로 이름을 바꾸어 등록하였다. 1997년 12월14일 많은 사람들의 관심 속에 역사적인 개원법회를 봉행하게 되었다.

이후 일반인을 위한 도심 속의 수행정진 기도 도량으로 자리 매김하고 있다. 길상사는 창건주 법정 스님의 무소유 정신과 공덕주 길상화 보살님의 보시공덕을 기리며 맑고 향기로운 선원으로 거듭날 것이다. 1999년 11월 공덕주 김영한(길상화)님이 타계하였다. 2001년 11월 공덕주 길상화 보살님 공덕비 제막식이 있었다. 2010년 3월 법정 스님 입적하였다. 입구에서 발걸음을 옮기는데 느티나무 아름드리 곁가지에 나뭇잎이 하늘거리고 있다. 그 사이로 보이는 극락전에 포개져 열린 문 사이로 법당의 커튼이 보인다. 느티나무가 200년을 소리 없이 지켜보고 있다.

김영한은 1916년 민족사의 암흑기에 태어나 16세의 나이로 뜻한 바 있어 하규일 문하에서 진향眞香이란 이름을 받아 기생으로 입문하였다. 진향은 '진수무향眞水無香' 이란 글귀에서 한 글자씩 따서 지으신 것이다. 그 말에는 매우 높고도 깊은 뜻이 담겨져 있었다. 물 가운데서도 참으로 깨끗하고 맑은 물은 일체 잡스러운 내음을 풍기지 않는 법이라는 뜻이다. 그 시절 그때 물독에 엎드려 뚝뚝뚝 떨어지는 눈물을 바가지로 받던 독 속의 눈물 소리가 귓전에 생생하다고 회고하였다. 그 후 그는 성장하기까지 어떤 고난과 슬픔이 닥쳐도 그 바가지 속의 눈물 소리를 생각했다. 그러면서 어려운 일들을 꿋꿋이 이겨 나갔다고 한다.

그러던 그가 1937년 천재 시인 백석으로부터는 자야子夜라는 아담한 이름으로 불리었다. 그녀는 1953년 중앙대학교 영문학과를 졸업하고 생전에 ≪선가 하규일 선생 약전≫ 등의 저술을 남겼다. 1955년 바위 사이 골짜기 맑은 물이 흐르는 성북동 배밭골을 사들여 대원각이라는 한식당을 운영하였다. 그녀는 1987년 법정 스님의 ≪무소유≫를 읽고 감명받아 생애의 가장 아름다운 회향을 생각했다. 7천여 평의 대원각 터와 40여 동의 건물을 절로 만들어 주기를 청하였다.

1997년 12월14일 대원각이 맑고 향기롭게 창건되었다. 아름다운 법석에서 김영한은 법정 스님으로부터 염주 한 벌과 길상화吉祥華 라는 불명佛名을 받았다. 길상화 보살이 된 그녀는 "나 죽으면 화장해서 눈이 많이 내리는 날 길상헌 뒤뜰에 뿌려 주시오."라는 유언을 남겼다. 1999년 11월 14일 육신의 옷을 벗었다. 다비 후 그녀의 유골은 49재를 지내고 첫눈이 온 도량이 순백으로 장엄하던 날 길상헌 뒤쪽 언덕

위에 뿌려졌다.

그 뜻을 오래도록 기리고자 공덕비를 세웠다.

공덕비 옆에 항상 자야라는 이름을 지어준 백석 시인의 시구를 옮겨본다.

나와 나타샤와 흰 당나귀

가난한 내가/ 아름다운 나타샤를 사랑해서/ 오늘밤은 푹푹 눈이 나린다// 나타샤를 사랑은 하고/ 눈은 푹푹 내리고/ 나는 혼자 쓸쓸히 앉아 소주燒酒를 마신다./ 소주를 마시며 생각한다./ 나타샤와 나는/ 눈이 푹푹 쌓이는 밤 흰 당나귀 타고/ 산골로 가자. 출출이 우는 깊은 산골로가 마가리에 살자.// 눈은 푹푹 내리고/ 나는 나타샤를 생각하고/ 나타샤가 아니올 리 없다./ 언제 벌써 내 속에 고조곤히 와서 이야기 한다./ 산골로 가는 것은 세상한테 지는 것이 아니다./ 세상 같은 건 더러워 버리는 것이다./ 눈은 푹푹 내리고/ 아름다운 나타샤는 나를 사랑하고/ 어데서 흰 당나귀도 오늘 밤이 좋아서 응앙 응앙 울을 것이다.

겨울에 쓴 최초 원문 백석의 시를 보며 길상헌 뒤뜰을 바라다보았다. 다듬어진 느티나무 몇 그루와 단풍나무가 어우러져 있다. 그 밑에 풀 종류인 장녹이 넓은 잎과 송글송글 꽃을 달고 여름 햇살에 작은 그늘을 만들어 주고 있다. 백석 시인이 잠시 동안 이별이라 생각했던 이별은 영원한 이별이 되었다. 만주에서 해방이 되자 오지 않는 자야를 찾아 함흥으로 내려갔지만 자야는 서울에 있는 상황이었다. 그후 38선이 그어지고 6·25동란으로 휴전선으로 갈라져 다시는 마주하지 못하게 된다. 이곳에 눈이 내리는 어느 날 길상화의 재가 뿌려지게 되었을 것이다. 이 길상사는 시주 김영한이 자신의 소유를 아무 조건 없이 법정스님에게 기증하여 이루어진 절이다. 이곳을 건너가는 개울물이 졸졸 흐르는 위로 나무다리가 세워져 있다. 녹색의 녹음이 햇빛에 그을리고 있다.

법정 스님 유골 모신 곳은 작은 담벼락 아래 비비추가 나풀거리는 옆에 돌로 모셔있다. 스님은 전라남도 해남에서 1932~2010년까지 세수 78세로 길상사에 입적하였다. 스님은 한국 전쟁의 비극을 경험하고 진리의 길을 찾아 1956년 출가하였다. 수행자의 기초를 다진후 해인사 대교과를 졸업하고 쌍계사, 해인사, 송광사 등 선원에서 수양하며 안거 했다. 불교사전 편찬, 불교경전 역경에 헌신하였으며 송광사 뒷산에 불일암을 짓고 수행했다. 하지만 세상에 명성이 알려지자 거처를 모르는 강원도 산골 오두막에서 홀로 청빈과 무소유의 삶을 실천하였다. 무소유 사상에 감동한 김영한 여사가 성북동의 대원각을 무주산 보시하여 1997년 길상사를 창건하였다. 저서로는 ≪무소유≫, ≪버리고 떠나기≫, ≪물소리 바람 소리≫ 등이 있다. 법정 스님 유골 모신 곳이라는 작은 팻말이 무소유를 증명하는 것 같아 한동안 묵념하고 돌아서 왔다.

봄이 오는 상이암

나는 오늘 임실 성수산 참나무 모두베기를 하는 곳에 갔다. 이 산은 독림가가 경영하던 산을 매입하여 국유림이 된 곳이다. 울창한 활엽수를 베어내는 이유는 참나무 시들음병에 감염된 나무를 베어 훈증하여 방제하기 위해서다. 그러나 병이 확산되는 것을 잡지 못하자 넓은 면적을 모두 벌채하게 되었다. 이 나무에 감염된 병은 2004년 8월 처음으로 우리나라에 보고된 것이다. 매개충인 광릉 긴나무좀이 5월 중순부터 균랑 속에 병원균을 지니고 신갈나무에 침입하여 병원균을 퍼트린다.

병원균이 수분의 이동을 막아 나무가 8월 말경부터 빠르게 시들면서 빨갛게 말라 죽는다. 죽은 나무는 겨울에도 잎이 지지 않아 경관을 해친다. 매개충 성충은 나무의 가슴 높이 지름에 들어가 해를 끼친다. 구멍 주위나 땅 가에 목재 배설물이 분비되어 있으면 바로 그 병이다. 그래서 높은 산 천연활엽수림인데 베지 않으면 안 된다.

발을 멈추고 보니 이끼 낀 바위 사이로 흐르는 개울물 소리가 중얼 거리고 있다. 고인 물에서는 부딪히는 소리가 들린다. 누군가 물 한 모금 손으로 떠 마시고 짚고 가던 작대기를 그대로 놓고 갔는지 바위에 걸쳐 있다.

이곳은 신갈나무와 굴참나무가 천연림을 이루고 있는 성수산 벌채 자락이다. 나무의 키는 어른 키의 다섯 배쯤 되니 크고 굵기가 장정의 허벅지만 하다. 이렇게 높은 산 적막한 골의 나무를 모두 베는 것은 이곳 참나무들의 시들음병 방제를 위해서다. 이 병은 여름철 녹음이 우거질 때 잎이 시들어 가다 죽어가는 병이다. 벌레가 나무의 물관으로 들어가 뿌리에서 올라가야 할 수액통로를 막고 증식을 하니 수분이 잎으로 전달되지 않는다. 그래서 방제를 위하여 병든 나무를 베고, 그루터기와 자른 나무를 푸른 포장으로 덮어 훈증을 하여 벌레를 죽이는 작업을 한다.

그러나 확산 속도가 급속도로 전파되니 궁여지책으로 모두베기로 수종갱신을 계획한 임지다. 계곡에 쌓인 원목들은 차에 실려 공장으로 간다. 먼저 수피 파쇄기에서 나무껍질을 벗긴다. 벗겨진 나무 알몸은 분쇄기를 거쳐 작은 목피의 칩이 된다. 이 칲은 다시 차를 타고 동해 쪽 펄프회사로 가게 된다.

그 쪽에서 여러 공정을 거쳐 하얀 종이로 만들어져 비행기를 타고 해외로 나가서 그 종이에 글자를 뒤집어쓰면 비싼 책이 될 것이다. 청명 한식이 되면 산에서는 눈을 사로잡는 노란 꽃이 핀다. 활엽수의 모든 나무들은 시월이 되면 울긋불긋 천연색 옷을 벗어 던지고 겨울잠에 들어간다.

여름날의 태양을 잎으로 받아 뿌리에서 물을 끌어다가 탄소동화작용을 하여 목질부를 만들고 나이테를 키운다. 고된 일을 접고 실오라기 하나 걸치지 않은 알몸으로 겨울잠을 자는 것이다. 잠든 나무는 지난해 눈 이불을 덮고 졸졸거리는 산골의 물소리를 자장가 삼아 깊은 잠을 잤다. 봄바람은 가지를 흔들어 기지개를 켜고 골짜기의 물은 다정한 목소리로 중얼거린다. 조심스럽게 잠든 여인의 잠을 깨우듯 한다.

임실군 성수면 성수리 상이암에 들어서니 무량수전이라는 글귀가 보였다. 수행정진으로 세상을 향기롭게라는 문구가 발걸음 소리를 줄인다. 큰 줄기 다섯 가닥쯤 되는 아름드리 삼나무가 그늘을 만들어 주고 있다. 큰 돌로 만들어 오가는 나그네의 목마름을 적셔주는 정화수 통의 물이 졸졸거린다. 오른쪽 제각 안에는 '삼청동'이란 글자가 보인다. 돌 속에 박힌 반짝이는 쇠붙이들이 박힌 묘한 돌이다. 이 산의 모습이 용의 형상을 띠고 있고 이 자리가 용의 머리에서도

여의주를 물고 있는 곳이라 한다. 이곳이 조선 태조 이성계의 각필이 있는 삼청동 비각이다.

오늘날까지 유일하게 남아있는 이 비석에는 이런 전설이 있단다. 태조가 등극하기 전에 무학대사의 권고로 이 절에 와서 백일축원을 드리게 되었다. 그러나 백일 동안의 기도로는 도를 깨닫지 못하였다. 그러자 삼 일을 더 연장하게 되는데 그 사흘 동안에 어린 동자승이 나타나 함께 묻고 대답하였다. 그리고 목욕도 하며 매우 기뻐했다. 후에 이 동자승이 고려 왕건에게 도를 깨닫게 해준 불상임을 알았다. 그렇게 하니 심신이 맑아져 곧 삼청동 세 글자를 자연석에 써서 새기게 되었다. 그 뒤 어느 날 밤에 꿈을 꾸었는데 하늘에는 섬광이 비치고 흰빛 무지개가 서울의 자미궁으로 내달아 뻗쳐 있는 가운데 공중에서는 '성수 만세' 소리가 들리면서 산속으로 세 번 메아리치는 것이었다. 그래서 태조가 등극한 뒤 이 절을 상이암이라 개명했다고 한다. '성수 만세' 소리가 태조의 귀에 들렸다는 뜻이다.

그러나 이 삼청동비는 비바람에 훼손되자 1939년에 누군가가 이 비각을 세웠다는 것이다. 대들보에는 '개국 548년 기유 2월 5일 기미 오시 입주 6일 경신 신시상량'이라는 상량문이 보인다. 비각을 세운 연대는 알 수 있으나 누가 어떻게 세웠는지는 알 수가 없다. 그러나 이곳에는 큰 뜻을 품고 성공을 이루어 보려는 불자들이 조용히 공을 들이고 간다는 것이다.

비각을 같이 구경하던 낯선 사람과 이야기를 나누었다. 그는 군인인데 소령 진급과 함께 남원을 떠난다고 했다. 전방으로 가게 될 것 같아 동료와 함께 왔단다. 자리를 옮겨 바라보니 그는 비각 위 바위산에 올라 정좌하고 눈을 감은 채 명상에 잠겨 있었다. 그 주위에는 산수유와 개나리의 노란 꽃이 흐드러지게 피어 있었다.

인내하는 슬기

국화꽃 향기 그윽한 결실의 계절 좋은 날입니다. 저희 아들 김정수 군과 김덕용, 안정미님의 첫 따님 김지홍 양이 양가 어른들의 허락을 받고 하객 여러분의 축복 속에서 아름다운 백년가약을 올리게 되었습니다.

오늘 이 뜻 깊은 자리에서 새 가정을 이루는 신랑과 꽃다운 신부에게 희망과 정성을 담아 몇 가지 말씀 드리고자 합니다.

첫째, 신랑 신부는 '격조 높은 향기가 샘솟는 삶'을 살기 바랍니다.

인생은 스스로 만들어 가는 예술입니다. 삶에 아름답고 향기로운 삶의 질을 사랑으로 키워 가십시오.

둘째, 오늘의 주인공들께서는 '인내하는 슬기'를 잊지 마십시오.

살다 보면 맑은 날도 있고 궂은 날도 있습니다. 어려움이 있을 수도 있습니다. 어려울 때일수록 처음의 좋은 뜻을 접지 말고, 밝은 마음과 미소를 머금고 헤쳐 나가기 바랍니다.

셋째, 두분은 '겸손과 관용의 여유'를 가지십시오.

서로 존경심으로 사랑하는 부부가 되세요. 나를 낮추고 상대를 높이며, 너그러이 이해하도록 해야겠습니다. 그렇게만 된다면, 행복한 가정이 되리라 믿습니다.

축복이 넘치는 이 자리에 선 젊고 아름다운 신랑과 신부는 언제나 뜻 깊은 이 순간을 잊지 마십시오. 부모님 슬하에서 함께 웃고 즐겁게 지내온 남매들 특히 여러분의 결혼을 진심으로 축하해 주시는 선후배와 친지 분들의 고마움을 가슴깊이 간직하기 바랍니다.

다시 한 번 신랑 김정수 군과 신부 김지홍 양의 혼인을 축하합니다.

끝으로 바쁘신 중에도 오늘 이 자리를 찾아 주신 내빈 여러분께 다시 한 번 감사의 말씀을 드리면서 오늘 축사에 가름 합니다. 감사합니다.

4부

배롱나무꽃 피면

금강의 발원지 수분

장수군 장수읍 수분마을이다. 말 그대로 물이 갈라지는 것인데 금강과 섬진강의 발원지가 된다. 그래서 물과 관련된 지명이 많은 곳이다. 수분이 고개, 가운데들, 고무들, 뜬봉, 모새골, 배정이, 당골, 아랫박골, 야지편, 여시바우, 연사 등이 있다.

오늘은 금강의 발원지인 뜬봉샘을 찾아 보고자 한다. 전북 충북 충남을 거쳐 군산 금강하구둑까지 온다. 가는 길에 약수터가 있는데 물이 많이 나온다. 물이 잘 나오지만 약수터 가든 옆 물이 하나도 나오지 않을 때가 있던 것은 모른 사람이 많을 것이다. 왜 나오지 않았는지 궁금 했는데 알고 보니 산맥에서 물맥이 끊어 져서 안나오게 되었던 때가 있었다. 상수도 공사를 하면서 물 가압장을 공사 하다 보니 그렇게 되었다. 자연은 거스릴 수 가 없다.

물이 갈라지는 이곳 장수군 수분마을은 금강의 발원지이며 물줄기가 나뉘어져 섬진강으로 흘러간다. 금강은 유역이 9,810㎢로 전북, 충북, 충남, 대전, 경기(안성), 경북(상주)지역이다. 금강은 전북 장수군 수분리의 신무산 뜬봉샘에서 발원하여 전북 군산시와 충남 서천군사이로 400㎞(1천리)를 흘러 서해에서 만난다.

뜬봉샘(신무산)→장수→장계→진안→용담댐→무주→금산→영동→옥천→대전→대청댐→부강→연기→공주→부여→논산→강경→서천→장항→서해로 흘러간다고 지도에 그림을 그려놓았다. 한편 옥천에서 영동과 상주로 가고 부강에서 청주로 증평, 진천으로 해서 안성으로 흘러간다고 한다.

수분령의 휴게소 옆 주유소와 기사식당 자리에 1960년대 정씨집 주막이 있었는데 높은 샛집이 남향을 바라보고 있었다. 남쪽을 바라보는 쪽에 떨어지는 처마 낙숫물은 마당을 거쳐 섬진강 쪽인 번암 쪽으로 갔다. 그리고 북쪽을 향한 빗물은 뒤뜰로 떨어져 장수읍 쪽으로 가서 금강물이 되는 것이다. 용마루에서 조금 차이로 위치가 바뀌면 금강과 섬진강으로 서해와 남해로 헤어지는 것이다. 나는 1960년에 수분초등학교에 입학 했는데 집이 번암면 교동리 하교로 아침에는 섬진강 물을 먹고 점심은 금강 물을 먹는 수분의 특징이 있었다.

차를 타고 동네로 가니 수분마을 회관이 보였다. 조금 더 가다 보면 수분마을을 물 뿌리 마을이라 한다고 안내판이 있다. 물 뿌리마을이라 함은 예전부터 물의 근원이므로 뿌리라는 말을 써 왔던 것으로 보인다.

뜬봉샘은 외지의 여행객들이 발원지를 찾아온다. 쇠파이프로 터널을 세 곳 만들어 넝쿨을 올렸는데 그 속으로 들어간다. 0.8km 임도를 벗어나 첫 번째 산길로 접어들면 신무산으로 오르고 두 번째 장승이 서 있는 곳으로 가면 뜬봉샘으로 가는 것이다. 금강의 발원지 뜬봉샘에서 솟아오른 물줄기는 금강의 첫 실내천인 강태등골을 만들었다. 수분천으로 이어지며 수분천 5.5km를 흐르며 이웃 실개천을 타고 합류하여 금강으로 이어진다.

지금으로부터 600여 년 전 이성계가 등극하기 전에 나라를 얻기 위해서는 먼저 명산의 산신이 영령해야 하다는 생각에서 지리산과 장안산 등에서 제단을 차리고 신천지를 열어 등극할 수 있도록 기원했으나 산신이 허락하지 않았다고 한다. 다음은 팔공산으로 가서 그곳에 신당을 차리고 석달 열흘을 조석으로 목욕재계를 한 후 정성을 다하여 개국역사에 영령해 주시기를 기원했다. 그러자 백 일째 되는 날 새벽, 하늘에서 오색찬란한 무지개가 일더니 빛을 타고 무슨 소리가 들리는 듯했다. 이성계는 정신을 바짝 차리고 소리 나는 쪽으로 귀를 기울였다. 동시에 샘에서 봉황이 떠서 하늘로 날아갔다고 한다.

그리고 샘은 봉황이 떴다고 뜬봉샘이라고 하였다고 한다. 나는 거기서 위대한 금강의 첫 출발지의 기상을 보았다. 샘물을 먹으니 상쾌하고 기분이 좋았다. 오늘 이 물이 흘러 흘러 용담댐을 거쳐 충청도를 돌아가게 될 것이다. 행정수도가 거의 공주, 연기 등으로 정해진다고 하는데 모두가 금강물을 먹을 것이다. 금강을 다시 한번 생각나게 하였다. 만약 조그만 병에 편지를 써서 띄우면 진안, 무주, 대전, 공주, 부여, 논산, 강경, 서해안의 누군가 받아 볼 것이다. 내려오는 길은 30분도 안 되어 내려왔다. 수분마을에 도착하니 수분 천주교 공소가 옆에 있었다. 이곳의 신자 중에 신부가 많이 탄생하였는데 한 집안에서 세 명이 나왔다고 귀띔 해주는 소리를 들으며 길을 집으로 향했다.

배롱나무꽃 피면

봄이면 생강나무의 노란 꽃을 제일 먼저 보는 것 같다. 그 다음에 시작되는 울긋불긋한 꽃의 향연 속에 바쁘게 피는 꽃을 세다 보면 여름이 찾아 온다. 논에 벼가 한창 자라기 시작하면 배롱나무 꽃이 피기 시작한다. 벼가 익을 때까지 백일 동안이나 핀다고 하여 백일홍이라고도 부른다. 우리는 "화무는 십일홍이요 달도 차면 기우나니라. 얼씨구 절씨구 차차차 지화자 좋구나 차차차……"란 노래를 신나게 불렀다. 붉은 꽃은 10일을 넘기기 어렵다는 뜻이다.

내가 처음 본 배롱나무는 상석이 있는 묘지 옆에 있었다. 빨갛게 피고 지며, 벌초가 끝나고 추석 성묘를 마칠 때까지 핀다. 배롱나무는 부처꽃과에 속하는 낙엽관목이다. 꽃이 한 번에 피고 지는 것이 아니라 여러 날에 걸쳐 번갈아 오랫동안 핀다.

내가 심은 나무로는 남원 수지면에서 곡성 경계에 가로수로 심은 배롱나무가 있었다. 조금 늦은 겨울에 심었는데 그해 추위로 동해를 입어 보식했던 일이 생각난다. 추위에 약한 나무이기도 하다. 그곳을 떠나온 뒤엔 보지 못했지만 붉은 꽃이 흐드러지게 피었을 것이다. 요즘은 꽃 색깔도 흰색, 연분홍, 보라색 등 다양하다. 배롱나무의 꽃말이 '떠나는 벗을 그리워하다'라고 하니 애틋한 전설이 있는 모양이다. 그래서 배롱나무는 긴 겨울잠을 자고 유난히 늦게 새잎이 핀다.

완주군 소양면 송광사 앞마당에 있는 배롱나무는 나무가 껍질을 다 벗어 버렸다. 그 나무는 속세를 떠난 스님들이 마음을 비우고 심었을 것이다. 나무 줄기 껍질이 벗겨지면 어찌나 매끄러운지 여인의 벗은 몸을 연상시키며 지나가는 사람들의 손때로 번들번들하기도 한다. 사육신의 한 사람인 성삼문이 남긴 시를 떠올리게 된다.

지난 저녁 꽃 한 송이 떨어지고
오늘 아침 한 송이 피어나
서로 백일을 바라보니
너와 더불어 한 잔 하리라

연못에 배롱 꽃 우수수 떨어지는 것을 바라보면 시 한 수를 읊고, 술 한 잔 기울이고 싶을 것이다. 그런 생각은 조선시대 선비들이나 바쁘게 뛰어 다니는 요즘의 문인들이나 다를 바 없을 것이다. 푸른 가을하늘 아래 깨끗한 피부를 가진 배롱나무가 한 그루 있다. 붉은색 꽃비를 백날이 다 가도록 내리니 멀리 떠나간 친구가 그리워지리라. 그런 날이면 전

등불을 촛불로 바꾸고 그 친구와의 아름다운 추억에 잠길 것이다.

엽서 한 장

정월의 마지막 주말부터 내린 눈이 왠지 조바심을 주는 한적한 오후. 나는 눈을 구경을 하고 있었다. 거리에서 쳐다보는 눈이 유난히 복스럽게 내릴 때 왜 저리도 큰눈이 있을까 궁금했었다. 그런데 나는 그 이유를 알게 되었다. 5층 베란다 밖에서 이리저리 마음껏 노니는 천사 같은 눈꽃을 바라보았다. 창 가까이에서 살펴보다가 보듬고 바람에 나부끼는 눈꽃을 발견한 것이다. 심지어는 두 눈꽃에 또 다른 눈꽃이 엉키어 세 송이로 날아다니고 있었다. 저렇게 날아다니다 앙상한 나무에 모여 하얀 꽃을 피워 주겠지. 그러다가 해가 뜨면 스르르 물이 되어 땅속으로 스며들 것이다.

보내는 해와 맞이하는 해를 정리하느라 정신없이 뛰다보니 우리 곁에서 달력 한 장이 힘을 잃는다. 그러면 스스로를 위로 하느라 설날이 아직 많이 남아 있구나 하면서도 마음이 허전해짐은 어쩔 수 없나 보다. 엊그제 받은 엽서 한 장이 내리는 눈 속에 비친다.

내 책상 위에 있는 엽서 한 장이 내 눈을 끌었다. 보내는 사람 쪽의 주소가 영어로 쓰인 것이 예사롭지 않아서였다. 스팸메일은 컴퓨터에서 볼 수 있지만 스팸레터일 리도 없을 것이다. 자세하게 살펴보았다. 미국 하와이에 사는 중학교 동창이다. 안에 들어 있는 엽서 그림은 머리 위 야자수 잎이 세 가닥 늘어져 있고 붉은 서쪽 지평선 옆에 섬이 아득히 보이는 그림이었다.

오랜만에 적어 보는 글이며 어떻게 지냈는지를 묻는 통상적인 인사편지로 다른 정보는 하나도 없었다. 흔한 전화번호나 이메일 주소조차 없이 그의 주소만 적혀 있었다. 30년이 넘도록 행적을 모르고 살던 친구의 엽서는 얼마나 고마운지 모르겠다. 그의 옛 모습을 상상해 보았다. 검정 교모에 깊이 눌러쓴 그의 빛나는 눈과 함께 나의 외사촌 형과 다정하게 지냈던 모습이 머리를 스쳤다. 이 친구는 학교 다닐 때 자취를 했었는데 내 외갓집 근처에서 살다 보니 더욱 가까웠었다. 밥을 먹기가 쉽지 않던 그 시절, 외숙모님은 서울로 올라가 장사부터 시작해서 지금은 3층 빌라에 아구탕 전문식당을 경영하며 나름대로 성공해서 살고 계신다.

지난 늦가을 외사촌 형은 숙모를 두고 먼저 세상을 떠나게 되었다. 친구의 엽서를 보면서 새삼스레 옛 생각이 나는 것은 외사촌 형과 친구가 다정하게 지내던 그때 그 시절이 생각났기 때문이다. 친구는 하와이에서 돈도 많이 벌고 행복하게 살다가 옛 친구 소식을 알게 되니 기가 막혔을 것이다. 빨리 가는 사람은 더 많은 정을 주고 가는 것일까. 주위

사람들에게 아쉬움을 많이 주고 갔다. 사람들의 가슴에 향기로운 추억을 남기며 간 사람은 외롭지 않을 것이다.

수많은 전화와 메일로 소식을 주고 받았다. 어려웠던 옛 시절을 생각할 수 있게 하는 친구의 연하엽서 한 장에 새삼 고맙다. 나도 오래간만에 정다운 그 친구에게 우표를 붙인

편지에 정월의 눈꽃, 향연을 그려 보내고 싶다. 그곳에서는 보기 힘든 어깨동무하며 춤추는 봄눈을 아름답게 그려서 보내야겠다.

떠나는 마음

찬서리 눈보라를 이겨내고, 푸름을 자랑하는 보리처럼 삼라만상이 힘차게 약동하기 시작하는 화창한 봄날, 무거운 짐을 벗고, 가벼운 마음으로 떠나는, 마지막 인사를 드리게 되었습니다.

존경하는 조합장님, 이사님들과 감사님들, 대의원님들 감사합니다.

그리고 저의 퇴임을 맞이하여, 아쉬운 이별의 정을 나누고자 참석하여 주신, 산림과장님을 비롯하여 내빈님들께 감사드립니다. 우리 계통의 조합장님, 상무님, 그리고 친애하는 선후배 동료 직원 여러분 고맙습니다.

먼 길을 오신, 여러분을 잊지 않고, 오래도록 기억하겠습니다. 이제 저는 33년 7개월 동안 보람되게 봉직했던 산림조합을 떠나고자 이 자리에 섰습니다.

그동안 대과 없이, 공직을 마칠 수 있었던 것은 여기 계신 여러분의, 헌신적 성원 덕분이었습니다. 진심으로 감사드립니다.

또한 평생을 저의 뒤를 지켜보시며, 걱정하여 주신 부모님께 감사드립니다.

그동안 보좌해준, 아내와 아들 딸들에게도, 감사의 말을 드립니다.

돌이켜보면, 그동안 우리 산림조합은, 치산녹화라는 큰 임무를 실현하기 위해, 양묘, 조림을 열심히 해왔습니다. 헐벗은 산림을 녹화하는 데, 성공하였고, 풍요로운 임상이 되었습니다. 지금은 조합원이, 필요로 하는 기술, 자금 및 정보 등을 원활이 제공하여, 지속가능한 산림경영을, 촉진하는 일을 하고 있습니다. 이렇게 우리 조합이, 성장과 발전하게 된 것을, 기쁘게 생각합니다. 저는 조합을 떠나더라도, 항상 조합에 대한 애정을 가지고, 아낌없는 격려와, 성원을 보낼 것입니다. 이제, 동료 후배님들에게, 몇 가지 부탁드리면서, 제 말씀을 마칠까 합니다.

첫째는 미인대칭하며, 근무하자고 제안합니다.

미소 짓고, 인사하며, 대화하고, 칭찬을 아끼지 말고 생활하자는 것입니다.

아름다운 미소는, 보이지 않는 꽃보다, 좋을 것입니다. 먼저 인사하는 것은, 겸손의 첫째가 아닐까 생각합니다. 대화는 소통이 이루어져 매듭을 풀 수 있고, 칭찬은 고래도 춤춘다 하였습니다. 그렇게 하면, 능률이 향상 되며, 화목한 직장 분위기가, 되리라 봅니다.

둘째는 주인정신으로, 소신껏 일하는, 임업인이 되면 좋겠다고 봅니다.

불이 난 위급한 현장에, 불속으로 뛰어드는 사람이 있고, 불속에서 뛰어 나오는 사람이 있다고 합니다. 뛰어드는 주인은, 가족을 살리려 위험에 들어가고, 나오는 손님은 살기 위해 나온다는, 어느 강사의 이야기가 귓가를 맴돕니다.

끝으로 따뜻한 가슴과 냉철한 판단력으로 확실한 마무리를 하는 직원이 되어 퇴임 시 유종의 미를 거둘 수 있었으면 좋겠습니다. 여러분은, 조합의 운영을 위해, 노력하신 분들이며, 도와주신 분입니다. 도와주신 군수님과, 산림환경연구소, 국유림관리소장님들에게, 머리 숙여 고마운 말씀드립니다. 응원하여 주신, 조합원님들은 더욱 감사합니다. 우리의 산림은, 여러분과 저의 평생 삶터요, 임직원은 우리의 가족입니다. 저와 같이 근무하면서, 제가 섭섭하게 처리했던, 기억이 있으시다면 깊은 이해를 부탁드립니다.

부족한 제가, 명석한 여러분들의, 기지를 발휘토록, 동기부여를 하기 위한 격려였다고, 생각해 주시면 고맙겠습니다.

버들 강아지 기지개 켜고 졸졸졸 흐르는, 개울물 소리 들려오는 봄에 떠난다고, 겨울에 생각했습니다.

아직 다 풀지 못한 일들은 남아 있는 사람들에게 주고 갑니다. 제가 가지고 떠날 것은 없습니다. 남기고 갈 것이, 있는지 살펴보니 정 한아름, 사랑 한 다발 놓고 갑니다. 여러분! 고생 많이 하셨습니다. 안녕히 계십시오.

부모님의 신혼여행

오늘 아침 날씨가 궁금해서 예보를 들어 보니 약간의 비가 내린다고 하여 조금 걱정이 되었다. 그러면서도 내 입가에는 행복한 미소가 머물고 있었다. 때늦은 부모님의 신혼여행을 보내드려야 하니 준비물을 점검하고 여행할 때 참고가 될 이야기도 해 드려야 했다.

금년에는 봄비가 자주 내린 탓에 산과 들의 초목들이 서둘러 연두색을 띠고 엊그제 피던 산수유나무가 샛노란 꽃을 피워 시선을 끌더니, 진달래의 붉은색이 온 산을 물들였다. 앞집의 하얀 목련이 지더니 뒷집의 자목련도 진다. 도로 옆 화단의 영산홍은 눈부시게 붉다. 이 화단은 머지않아 빨강 파랑 노랑색의 아름다운 꽃의 향연을 벌일 것이다.

나는 고등학교 때 수학여행을 제주도로 갔는데 갈 때는 목포에서 여객선을 타고 갔었다. 제주도에서 나는 용두암을 비롯한 천지연폭포, 삼성혈, 만장굴 등을 보고 왔다. 올 때는 비행기로 광주를 거쳐 오게 되었다. 그 무렵 항공편을 이용할 정도라면 여기저기 자랑할 만하였으니 다녀 온 뒤 나도 어머니에게 자랑을 많이 하였다. 비행기 창 너머로 보이는 바다 위의 고깃배와 흰 거품을 물고 달려드는 파도까지 이야기하였다.

아버지는 외아들이어서 일찍 결혼을 하셨고 나는 육 남매 중 장남이다. 부모님 생일이 되면 우리 남매들은 같이 모여 앉아 이야기꽃을 나누곤 한다. 여동생들을 데리고 어머니가 이야기하시는 것을 들었다. 내가 어머니에게 돈을 많이 벌면 비행기로 제주도에 보내 준다고 자랑을 했다는 것이다. 그런데 나는 그 중요한 약속을 깜박 잊고 살아왔던 것이다.

작년 이맘때의 일이다. 가을이 무르익어 가던 어느 날, 승용차로 잠시 태워다 달라는 곳이 있었다. 쌀 한 자루 술 한 병을 보따리에 싸가지고 부산에서 살다가 고향에 온 분을 찾아가시는 것이었다. 어려웠던 보릿고개시절, 어린 동생을 등에 업고 장사를 나가면 허기진 배를 움켜쥐고 들어가는 어머니를 반겨 주던 사람이었다고 한다. 머리에 이고 간 짐을 같이 내려놓고 밥을 주던 사람이었다고 한다. 그분이 이사 왔다니 그 공을 잊으면 안 된다면서 찾아가신 것이다. 주름진 어머니의 얼굴에 눈물을 글썽이며 항상 고맙게 생각해 오셨던 것이다. 그런 어머니의 따뜻한 마음을 반도 따르지 못하는 내가 너무 부끄러웠다. 지금도 그 집 마당에 널려 있던 굵직한 빨간 고추와 고마움에 보답하고자 찾아 가신 어머니의 모습이 얽혀 내 머리 속에 맴돌고 있다.

비행기로 제주도 구경시켜드리겠다는 어머니와의 약속을

이제야 지키게 된 것이다. 고희를 넘기고서야 비행기를 타고 제주도로 여행길에 오르는 아버지와 어머니가 아름다워 보였다. 어머니와 아버지는 딸들이 사준 새 옷을 입고 새로 산 카메라도 가방에 넣었다. 또 이 옷 저 옷을 가방에 넣었다 꺼내며 몹시 좋아하셨다. 이렇게 행복해 하신 여행을 왜 이

제야 보내드리게 되었는지 부끄러웠다. 그러나 비행기가 공항을 이륙하여 바다 위로 날아갈 때 아들딸과 며느리 사위, 손자들이 손을 흔들며 환송해 드렸다. 어머니가 평소에 잘 쓰시는 말씨를 흉내내어 소리쳐 인사도 했다.

"신혼여행같이 시나브로 잘 다녀오십시오!"

경칩 날 만난 개구리들

작년 늦가을 이래 새로운 기도터가 생겼다. 층암이 병풍처럼 둘러싸고, 가는 폭포가 있으며, 멀리서 자동차 소리가 들리는 평탄하고 조그만 반석 하나가 그곳이다. 동쪽으로는 멀리 저수지가 보이는 그림 같은 시골동네 냇가에 기도하기에 좋은, 부처님이 만들어주신 듯한 천혜의 법당이 있다.

이 법당 같은 반석에서는 가늘게 혹은 무겁게 법문을 외고 목탁을 치면서 앞뒤 좌우로 엉금엉금 기어오르는 바위 색깔의 개구리들이 있다. 산중에 큰일이라도 생긴 양 개구리들은 처음에는 네댓 마리가 늦가을 성공한 장군들처럼 도도하게 기어오르며 거드름을 피우더니 잠자리를 잡았다. 빚진 신용불량자처럼 숨어 다니던 서너 마리의 초췌한 수놈 개구리들도 와서 자리를 잡았다.

늦가을도 지나 연못에 얼음이 얼고 날씨가 추워짐에 따라 개구리들은 마음을 정리한 듯 땅굴 속에서 불경을 머리에 베고 목탁도 젖혀놓은 채 그 동안 비축한 영양으로 조용히 눈을 감고 잠을 잔다. 이렇게 산천이 흰 눈 속에서 잠들면 개구리들도 물소리를 자장가 삼아 꿈속을 헤맨다.

봄비가 쏟아지던 날 새벽, 이 연못에도 어름이 풀려서 오래간만에 개구리들의 안부를 살피려고 연못 주위를 살펴보았다. 다리를 하나 잃고 겨우 앉아 있는 초라한 개구리 한 마리가 보였다. 천둥번개 치던 날, 벼락을 맞아 다리를 잃고 이렇게 목숨만 겨우 유지했던 모양이다.

도도하던 몇 마리의 개구리는 번개에 혼비백산하여 비틀

거리다가 대나무 소쿠리 속으로 들어가는 걸 보았다는 소식밖에 모른다고 했다.

짐작해보니 몹시 춥던 지난겨울, 개구리 사냥꾼들이 냇가로 몰려와서 메로 바위를 두드려 잠자다 놀란 개구리들이 밖으로 뛰쳐나올 때 모두 잡아가지 않았을까 싶다. 서너 마리 개구리들은 그 위기를 잘 넘기고 전멸을 면했던 모양이다. 그 개구리들이 악을 쓰듯 목탁을 치고 불경을 외우기 시작하니 멀리 국도를 따라 티코를 타고 가던 중년 남자가 차창을 열고 개구리 소리를 들으며 벌써 경칩이 온 것을 깨닫는다. 봄은 개구리들의 노래 소리에 묻혀서 찾아오는가 보다.

시나브로

오십 년 전
돌 지난 아들
오십 미터 나갈 때
곱게 낭자한 새댁 어머니
등 뒤에 서
시나브로 가

사십 년 전
자전거에 가방 싣고
사십 리 통학하는 아들 뒤에서
활짝 핀 백합처럼 고운 얼굴의 어머니
자전거 뒤에서
시나브로 가

삼십 년 전
군대 가는 아들 탄 버스 뒤에서
걱정되어도 불안 감추며
정화수 부뚜막 떠 놓고
시나브로 가

이십 년 전
오토바이 뒤에다 며느리 태우고 가는
아들 등 뒤에서

반백 년 넘어서 잔주름 숨기며
뒤에서 하시던 말
시나브로 가

십 년 전
승용차에 아들 딸 태우고 떠나는
차문 밖에서 회갑 넘어 숨겨지지 않는
흰머리 감추며
시나브로 가

한 해 전
오일장에서
힘들게 허리 펴시던 어머니
집에 모셔다 드리고
돌아서는 등 뒤에서
시나브로 가

하루 전
운전면허 들고
싱글거리며 들어오는 아들 손
꼭 잡고 쥐어 주고 싶은 말
시나브로 가

나무와 함께 살아오고 나무와 함께 살아갈 수필가 김종윤

—김종윤 첫 수필집 ≪시나브로 가는 길≫ 출간에 부쳐

김학(수필가, 신아문예대학 수필창작 교수)

1. 수필가 김종윤과 수필의 만남

수필가 김종윤은 장수군 번암면 교동리 176번지에서 태어난 전라도 토박이다. 아버지 김상철과 어머니 이양순의 3남 3녀 중 장남으로 태어나 책임감이 강한 부안김씨 가문의 대들보다.

수필가 김종윤은 시골에서 태어나 시골에서 자라 농촌의

사계를 몸소 겪으면서 농자천하지대본의 정신을 익혔다. 김종윤은 장수고등학교를 거쳐 전북대학교 농업개발대학원을 수료하는 등 농업과는 뗄 수 없는 삶을 살아왔다. 김종윤은 육군 보병하사로 제대한 뒤 1979년 장수군산림조합에 입사하여 줄곧 나무와 함께 살아왔다. 2013년 정년퇴직하기까지 장수군산림조합 상무, 김제산림조합 상무, 남원산림조합 상무, 무주산림조합 상무로 34년 동안 근무하다가 2013년에 정년퇴직했다. 김종윤의 1모작 인생은 산림조합에서 나무와 더불어 살아왔다고 해도 지나친 말이 아니다.

김종윤은 정년퇴직 이후에도 고향에서 농업 경영인으로 등록하고 '하늘종묘 사업자'로 등록하여 산림용 묘목을 생산하는데 열성을 다하고 있다. 그의 2모작 인생 역시 고향을 지키며 나무와 더불어 살아가고 있다.

김종윤은 1981년 12월 6일 반남박씨 집안의 박정숙과 결혼하여 2녀1남을 낳아 모두 성가시켰다. 공무원인 큰딸 김윤정은 삼성전자 사원인 사위 김만곤과의 사이에 아들 둘을 낳았고, 작은딸 김세정은 만도주식회사 사원인 사위 이동열과의 사이에 딸만 둘을 낳았다. 삼성전자에 근무하는 아들 김정수는 공무원인 며느리 김지홍과 결혼하여 알콩달콩 맞벌이로 살아가며 2세를 기다리고 있다.

글쓰기를 부러워했던 김종윤은 장수군산림조합에 근무하던 2006년 3월에 전북대학교 평생교육원 수필창작 목요야간반에 등록하여 주경야독을 하며 수필과 인연을 맺었다. 수필공부를 시작한 지 3년 만인 2009년 종합문예지 ≪대한문학≫ 25호에서 〈엽서 한 장〉, 〈큰돈 내고 시내버스를 탔더니〉등 두 편의 수필로 신인상을 수상하여 수필가로 등단했다.

2005년 내가 전북대학교 평생교육원에서 정년퇴직을 하고 신아문예대학으로 옮겨 수필창작반을 개설하자 나를 따라와서 역시 수필공부에 진력하고 있는 의리의 사나이다. 수필가 김종윤은 내가 강의 때마다 주창해온 '불광불급不狂不及의 정신'을 본받아 수필 쓰기에 혼신의 노력을 기울이고 있다. 내가 지난 12년 동안 지켜본 바에 따르면 수필가 김종윤은 소걸음[牛步]을 걷는 듯하다. 소나기가 쏟아진다 해도 서두르지 않고 뚜벅뚜벅 걷는 소걸음을 걷는 수필가다. 하지만 수필가 김종윤은 한국문인협회 장수지부 감사와 행촌수필문학회 부회장, 전북수필문학회 사무국장 등을 맡아 매끄럽게 일처리를 함으로써 문학회의 발전에 헌신하고 있어서 장래가 기대된다.

너무 늦은 감이 있지만 수필가 김종윤은 지금까지 꾸준히 써온 수필들을 모아 12년 만에 첫 수필집 ≪시나브로 가는 길≫을 세상에 선보이게 되었다. 그야말로 그에게는 '시나브로'라는 단어가 잘 어울리는 사람이다. 이제 만만디 수필가 김종윤의 수필 속으로 산책을 나서 보자.

2. 김종윤 수필 들여다보기

수필에는 대개 예시단락과 일반화단락이 있다. 예시단락은 작가의 체험을 서술하는 것을 말하고, 일반화단락은 형상화 의미화를 뜻한다. 그 두 가지가 적절히 조화를 이루어야 좋은 수필이 될 수 있는 법이다.

나무를 사랑하고 나무와 함께 살아왔고 나무와 함께 살아갈 나무 수필가 김종윤은 나무에서 즐겨 수필소재를 찾는다.

> 일본에는 소나무가 없다. 대만에도 소나무는 없다고 한다. 왜 그럴까? 소나무 재선충 때문에 멸종했다고 한다. 일본이나 대만이 우리나라보다 방제기술이나 자본이 풍부한데도 소나무재선충방제에 실패한 것이다.
>
> 소나무재선충은 식물에 기생하는 선충으로 암컷 0.7~1.0mm 수컷 0.6~0.8mm크기이며, 상온에서의 수명은 약 35일이고 산란 수는 100개 내외다. 매개충이 소나무 새순을 가해할 때 나무 조직 내부로 침입한다. 소나무재선충의 1세대 경과일수는 25℃에서 4~5일, 30℃에서 3일이며, 반복하여 번식하므로 1쌍이 20일 후에는 20만 마리로 늘어난다. 피해수종은 소나무와 곰솔이다.
>
> ―〈소나무가 아파요〉 중에서

소나무가 재선충에 감염되어 죽어가는 것은 심각한 문제가 아닐 수 없다. 김종윤 수필가는 나무 수필가답게 멸종으로 치닫는 소나무가 아프다고 심각하게 문제를 제기하고 있다. 이런 수필의 경우 자료에 의존하다 보니 설명문이 되어 아쉽지만 독자에게 경각심을 주기에 충분한 소재 선택이라 하지 않을 수 없다.

수필은 평범한 일상에 새로운 의미의 옷을 입히는 문학이라고 했다. 김종윤의 수필은 참신성을 찾아보기는 어려우나 깊은 의미를 찾아볼 수는 있다. 작은딸네 식구들과 찾아간 청평사에서도 어김없이 글감을 찾았다.

> 청평사는 고려 광종 24년(973) 승현선사가 세워 백암선원이라고 불렀다고 한다. 그 뒤 몇 번에 걸쳐 고치고 절을 넓혔다. 청평사로 이름을 바꾼 것은 조선 명종 5년(1550) 보우선사가 이곳인 사천왕문을 대신하는 것으로, 중생들에게 윤회전생을 깨우치게 하려는 문이다. 규모는 앞면 3

칸, 옆면 1칸이며, 앞면의 가운데 1칸은 넓게 드나드는 통로이고 양쪽 2칸은 마루가 갈려있었다. 지붕은 옆면에서 볼 때 사람 인人자 모양을 한 맞배지붕이다.

—〈청평사 회전문〉 중에서

청평사는 소양 댐이 생긴 뒤 유명해진 사찰이다. 소양 댐에서 배로 15분쯤 걸리는 섬 속의 절이어서 찾는 이들이 많다. 이 청평사에는 애달픈 사랑의 전설이 있어서 더 호기심을 자극한다.

문학은 감동의 예술이다. 감동 없는 문학작품은 향기 없는 조화造花와 같다. 문향文香이 풍기는 작품을 빚어내려면 작가의 혼과 절차탁마가 합성되지 않으면 불가능할 것이다. 문학의 길은 끝없는 수도의 길이기 때문이다.

수필가 김종윤은 차를 타고 지나가다 눈에 띄는 나무를 보면 그대로 지나치지 않는다. 나무수필가의 참모습이다.

자귀나무는 밤중에 수면운동으로 잎이 접히는 모습이 부부금실을 상징한다. 예전에는 자귀나무를 울타리 안에 정원수로도 많이 심었다. 자귀나무처럼 잎이 예민한 신경초는 외부의 자극에 잎이 오므라들어 붙어버리지만 자귀나무는 낮에 펼쳐졌던 잎이 해가지면 서로 마주보며 접힌다. 꽃이 아름답고 화려하여 사랑을 받는 관상수이다. 줄기는 굽어서 누운 것처럼 보이며 잿빛이 도는 흑색이다. 꽃과 줄기, 씨앗, 나무껍질까지 약재로 사용하는데 마음을 편안하게 하고 분노를 삭여주는 약재로 사용되기도 한단다.

—〈가슴이 두근거리는 나무〉 중에서

문학평론가 송준호 교수의 가르침을 귀담아 들어야 할 것이다.

"좋은 글을 쓰려면 아무리 작고 초라하며 남루한 사물, 사소한 현상이나 사건이라도 성실하고 꼼꼼하게 들여다보는 습관을 가지는 일도 게을리해서는 안 된다. 관계되는 책을 읽어보고, 그에 대해 잘 아는 사람을 만나서 얘기도 들어보고, 직접 가서 눈으로 확인하는 번거로움도 기꺼이 감수할 줄 알아야 한다."

괭이는 쇠붙이지만 자루는 나무다. 그 도구를 이용하는 사람과는 떨어져서는 안 되는 공생관계다. 땅을 파거나 농사를 지을 때 쇠와 나무의 능력은 어느 쪽도 무시할 수 없는 필수적인 임무를 가지고 있다. 현대판 대장간은 양에 대한 것보다 질의 승부로 압축할 수 있다. 농기구를 잘 만들지 못하면 값이 싸고 표준화된 물량공세를 이길 수 없다. 4평 남짓한 좁은 공간에서 쇠를 달구고, 식히고, 두드리는 어려움을 참아낼 수 있는 이유는 수제품을 좋아하는 고객들의 강력한 성원이 있기 때문이다. 고객의 마음을 사로잡는 비결은 공장제품이 따라올 수 없는 제대로 된 담금질에 숨겨져 있다.

—〈고치면 쓸 수 있는 것〉

수필은 독자에게 느끼고 깨달음을 줄 수 있도록 생각할 여유를 남겨놓아야 좋은 수필이 될 수 있다. 수필가가 먼저 흥분하면 독자는 구경꾼이 될 수밖에 없다. 수필가라면 마땅히 누구나 귀담아 들어야 할 명언이다. 수필은 삶의 문학이자 정情의 문학이 아니던가?

또 영국 시인 윌리엄 블레이크는, 수필가는 세상에 존재한 가상천외의 것들을 찾아서 노래하는 최초의 발견자이지만 일상 속의 평범한 것들도 곧이곧대로 노래하지 않고 뒤집고 부풀리고 변개해서 더더욱 새롭게 노래하는 사람이라고 했다.

고향에서 농사를 짓고 사시는 노부모는 언제나 수필가 김종윤의 눈물샘을 자극하는 수필 소재다. 김종윤 수필가가 장남이기에 더 그럴 것이다.

> 파마머리 한 번 못하고 열아홉 살에 부안김가 외아들인
> 아버지에게 시집을 오셨고 쪽 찐 머리 아줌마인 남동댁이

란 택호로 팔순을 바라보며 살고 계신다. 방아실거리 논에 무농약으로 농사를 지어 방에 쌓아두고 쌀이 없는지 전화를 한 뒤 방아를 찧어서 보내주신다. 무와 배추, 고추, 쑥갓, 고수 등을 봉지로 싸서 손자손녀 보고픈 마음을 담아 택배로 보내주신다. 고된 농사일로 허리가 펴지지 않아 한숨이 나올 테지만 증손자가 태어나면 4대 가족사진을 찍자며 고향마을 언덕도 가볍게 넘으신다.

—〈쪽 찐 머리〉 중에서

현대인들은 사진 찍기를 좋아한다. 더구나 스마트폰이 대중화되면서 사진 찍기는 더 일상화 되었다. 추억은 기억에 의존하지만 사진은 추억을 오래 갈무리할 수 있는 보물창고다. 생각해 보자. 사진을 버린다고 추억이 사라지는 것은 아니다. 또 추억이 많은 수필가는 좋은 수필을 쓸 수 있는 많은 자산을 소유한 셈이다.

수필가 김종윤은 글감이 있으면 찾아가는, 발로 수필을

쓰는 수필가다. 그가 아름다운 사연을 간직한 서울의 길상사를 그냥 모른 체할 리가 없다. 군사정부 시절 우리나라 정치를 요리하던 최고의 요정 대원각이 길상사란 사찰로 탈바꿈한 것이니 어찌 감동스럽지 않으랴.

> 길상사吉祥寺는 1987년 공덕주 길상화(법명: 吉祥華) 김영한 님이 법정 스님의 수상집 ≪무소유≫를 읽고 감동했다고 한다. 요정이던 대원각 대지 7천여 평과 지상건물 40여 동 등 부동산 전체를 청정한 불도량으로 기증하였다. 법정 스님은 그 뜻을 받아들여 길상사吉祥寺를 창건하여 대한불교 조계종 송광사 말사로 등록했다.
>
> ―〈길상사와 세 사람〉 중에서

서울 성북동 산기슭에 자리한 주지육림酒池肉林의 요정 대원각이 청정도량의 사찰로 바뀌었으니 이야말로 상전벽해가 아닐 수 없다.

좋은 수필을 쓰려면 무엇보다도 참신한 소재를 찾아야 하고, 참신한 소재를 찾으면 그 소재를 참신하게 해석할 수 있어야하며, 참신하게 해석할 수 있으면 그것을 참신하게 표현할 줄 알아야 한다. 그래야 독자의 사랑을 받는 수필이 될 것이다.

> 물이 갈라지는 이곳 장수군 수분마을은 금강의 발원지이며 물줄기가 나뉘어져 섬진강으로 흘러간다. 금강은 유역이 9,810평방킬로미터로 전북, 충북, 충남, 대전, 경기(안성), 경북(상주)지역이다. 금강은 전북 장수군 수분리의 신무산 뜬봉샘에서 발원하여 전북 군산시와 충남 서천군 사이로 400km를 흘러 서해에서 만난다.
>
> —〈금강의 발원지 수분〉

수필쓰기는 자신의 삶을 되돌아보는 데서 시작된다. 수필가 김종윤의 등단수필 두 편 중 하나인 〈엽서 한 장〉을 보아도 그런 것 같다. 30년이나 행적조차 모르고 살던 친구가 미국에서 엽서를 보내준 이야기다. 그 엽서를 받고서 친구가 떠오르고 친구와 이웃에 살던 외사촌 형이 생각난다. 그 외사촌 형은 서울에서 식당을 운영하여 사업적으로는 성공했으나 그 외사촌 형이 외숙모님보다 먼저 세상을 떠난 것을 회상한다.

> 지난 늦가을 외사촌 형은 숙모를 두고 먼저 세상을 떠나게 되었다. 친구의 엽서를 보면서 새삼스레 옛 생각이 나는 것은 외사촌 형과 친구가 다정하게 지내던 그 때 그 시절이 생각났기 때문이다. 친구는 하와이에서 돈도 많이 벌고 행복하게 살다가 옛 친구 소식을 알게 되니 기가 막혔을 것이다. 빨리 가는 사람은 더 많은 정을 주고 가는 것일까.
>
> —〈엽서 한 장〉중에서

수필은 독자에게 느끼고 생각할 여지를 남겨놓아야 좋은

수필이 될 수 있다. 수필가가 먼저 흥분하면 독자는 구경꾼이 되고 만다. 수필가 고 김규련 선생은 이렇게 이야기한 적이 있다.

"수필은 시로 쓴 소설이요, 소설로 쓴 철학이며, 언어로 그린 명화요, 뜻으로 부르는 노래일지도 모른다. 마침내 수필은 거짓 없는 자화상이다. 미래문학의 주류는 수필일 수밖에 없다는 믿음을 가지게 되었다."

모름지기 수필가라면 마음에 새겨두어야 할 명언이 아닌가 한다. 문학이란 금싸라기를 고르듯이 선택된 생활체험의 표현이라고 하지 않던가? 경칩이 오자 수필가 김종윤의 눈에는 개구리가 눈에 띄었고, 그것은 또 한 편의 수필 소재가 되었다.

> 이 법당 같은 반석에는 가늘게 혹은 무겁게 법문을 외고 목탁을 치면서 앞뒤 좌우로 엉금엉금 기어오르는 바위 색깔의 개구리들이 있다. 산중에 큰일이라도 생긴 양 개구리

> 들은 처음에는 네댓 마리가 늦가을 성공한 장군들처럼 도도하게 기어오르며 거드름을 피우더니 잠자리를 잡았다. 빚진 신용불량자처럼 숨어 다니던 서너 마리의 초췌한 수놈 개구리들도 와서 자리를 잡았다.
>
> ―〈경칩 날 만난 개구리들〉 중에서

수필가 김종윤의 관찰력이 잘 드러난 작품이다. 무엇이든지 허투루 보면 좋은 글감이 될 수 없다. 세밀한 관찰력이 꼭 필요한 이유다. 늘 오감五感의 안테나를 열어 놓고 글감을 찾아야 한다. 좋은 수필 소재는 저절로 찾아오는 게 아니다.

3. 수필가 김종윤의 앞날을 위하여

수필의 길은 끝없는 수도의 길이나 다를 바 없다. 그러니 자기의 글이 늘 미완성이라 생각하고 구도자의 자세로 겸허히 글을 빚어나간다면 언젠가는 자기가 기대하는 어느 정도의 경지에 오르게 될 것이다. 수필의 길을 여기餘技로 생각하지 말고 불광불급不狂不及의 정신으로 매진해야 할 것이다. 인생이란, 평생을 걸려 '나'라는 집을 짓는 과정과도 같다고 생각하면 좋을 것이다. 그 집이 완성되면 인간은 무덤으로 들어가고 그 집은 작가의 묘비명이 될 것이다.

수필에 입문한 지 12년 만에 첫 수필집을 내는 것은 수필 쓰기에 게으른 작가 탓이다. 1년에 한 권씩 수필집을 상재하는 열성적인 작가를 본받아 더 분발하기를 바란다. 수필에 미치지 않고 수필의 대가가 될 수는 없을 테니 말이다.

김종윤 수필가의 첫 수필집 ≪시나브로 가는 길≫ 출간을 축하하며 문운이 창성하기를 빈다.

김종윤 수필집
시나브로 가는 길

인쇄 2018년 12월 17일
발행 2018년 12월 20일

지은이 김종윤
발행인 서정환
펴낸곳 수필과비평사
주소 서울시 종로구 삼일대로 32길 36(익선동 30-6 운현신화타워) 305호
전화 (02) 3675-3885, (063) 275-4000 · 0484
팩스 (063) 274-3131
이메일 sina321@hanmail.net essay321@hanmail.net
출판등록 제300-2013-133호
인쇄 · 제본 신아출판사

ISBN 979-11-5933-196-1 03810
값 13,000**원**

이 도서의 국립중앙도서관 출판예정도서목록(CIP)은 서지정보유통지원시스템 홈페이지(http://seoji.nl.go.kr)와 국가자료공동목록시스템(http://www.nl.go.kr/kolisnet)에서 이용하실 수 있습니다.(CIP제어번호: CIP2018041513)

Printed in KOREA